商业银行银团贷款实务培训

立金银行培训中心　著

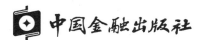
中国金融出版社

责任编辑：肖丽敏
责任校对：李俊英
责任印制：丁淮宾

图书在版编目（CIP）数据

商业银行银团贷款实务培训（Shangye Yinhang Yintuan Daikuan Shiwu
Peixun）/立金银行培训中心著 . —北京：中国金融出版社，2013.7
（立金银行培训系列丛书）
ISBN 978 - 7 - 5049 - 6945 - 3

Ⅰ.①商…　Ⅱ.①立…　Ⅲ.①商业银行—贷款管理—职工培训—教材
Ⅳ.①F830.56

中国版本图书馆 CIP 数据核字（2013）第 086381 号

出版
发行
中国金融出版社

社址　北京市丰台区益泽路 2 号
市场开发部　（010）63266347，63805472，63439533（传真）
网 上 书 店　http://www.chinafph.com
　　　　　　（010）63286832，63365686（传真）
读者服务部　（010）66070833，62568380
邮编　100071
经销　新华书店
印刷　保利达印务有限公司
装订　平阳装订厂
尺寸　169 毫米×239 毫米
印张　10.75
字数　176 千
版次　2013 年 7 月第 1 版
印次　2013 年 7 月第 1 次印刷
定价　30.00 元
ISBN 978 - 7 - 5049 - 6945 - 3/F. 6505
如出现印装错误本社负责调换　联系电话（010）63263947

序

成为高素质的客户经理

立金银行培训中心一直在各地培训客户经理，对于如何成为优秀的银行客户经理，究竟该怎样学习银行产品，我们有着自己的成功经验。

客户经理既是银行与客户关系的代表，又是银行对外开展业务的代表，不仅需要全面了解客户需求并向其营销产品与业务，还要协调和组织全行各有关部门及机构为客户提供全方位的金融服务，这就要求客户经理必须具备良好的职业道德与综合能力，而且要在工作中始终树立客户第一的理念，把客户的事情当成自己的事来办，想客户之所想，急客户之所急。

客户经理的素质包括两方面：一是思想素质，二是业务素质。其实思想素质比业务素质更重要。《资治通鉴》中说："才者，德之资也；德者，才之帅也……才德全尽谓之圣人，才德兼亡谓之愚人，德胜才谓之君子，才胜德谓之小人……自古昔以来，国之乱臣，家之败子，才有馀而德不足，以至于颠覆者多矣……"

具体来讲，客户经理应具备以下几个方面的素质。

第一，高度的责任感、良好的职业道德和较强的敬业精神。客户经理要具有较强的责任心和事业心，在兼顾银行利益的同时，满足客户的服务或要求，严守银行与客户的秘密。一个人的成就与其个人的眼界和职业素质水准高度相关，在商业银行，并不是你的存款量大就一定会得到提拔，那些有长远的眼光、会关心集体利益的客户经理才会受到重用。

第二，较高的业务素质和政策水平。现在商业银行的金融产品较为复杂，客户的要求越来越高，客户经理必须精通各类银行产品，能够组合运用各类银行产品，这样才能够为客户设计个性化的金融服务方案。同时，作为客户经理，还应熟悉和了解金融政策、法律知识、金融产品，不断增强业务素质，以适应业务发展的需要。

第三，机智灵敏，善于分析和发现问题。现代营销讲究技巧，这样才能很快打动客户，同时，还要有极好的筹划能力，能够分步实施营销计划。

第四，热情、开朗，有较强的公关和协调能力。作为客户经理，要善于表达自己的观点和看法，与银行管理层和业务层保持良好的工作关系，团队协作精神强。客户需求复杂多样，银行客户经理自身很难全部满足，必须借助银行的后台支持和团队的帮助。

第五，承受力强，具有较强的克服困难的勇气。客户经理承担的是一份考验人生毅力极限的工作，因此必须具备极为坚强的意志、百折不挠的精神，能够在高压下工作。

陈立金

目　　录

第一章　如何理解银团贷款

第一节　银团贷款的概念及分类

一、银团贷款的概念

银团贷款是指由两家或两家以上银行或其他金融机构基于相同贷款条件，依据同一贷款协议，按约定时间和比例，通过代理行向借款人提供的本外币贷款或授信业务。

通俗地讲，银团是由多个银行等金融机构组成的一个集合体，其中成员角色分别是牵头行、代理行和参加行。这些成员行有各自的职责和权利，按照"信息共享、独立审批、自主决策、风险自担"的原则自主确定各自的授信行为，并按实际承诺份额享有银团贷款项下相应的权利及义务，这是银团贷款各成员行的合作原则。

跟普通的银行授信产品相比，银团贷款不再局限于贷款这种最基本的信贷形式，它还适用于票据、保函等更广泛的授信业务品种。参与银团贷款的金融机构包括具有贷款资格的银行业和非银行业金融机构。目前，参与银团贷款的主要包括商业银行、财务公司、融资租赁公司、信托公司等金融机构。

【案例】　中海信托参与重钢银团贷款

2009 年 6 月 12 日，重庆钢铁股份有限公司银团贷款签约仪式在重庆隆重举行。此次银团由渣打银行（中国）有限公司作为协调安排行，渣打银行（中国）有限公司重庆分行等 7 家国内知名金融机构联合参与该银团。中海信托股份有限公司作为银团参加行中唯一的非银行金融机构，成为国内首家参与外资行牵头的银团贷款的信托公司。

中海信托相关负责人表示，早在 2007 年，中海信托就已作为牵头行和财务顾问参与中海壳牌石油化工有限公司 222.8 亿元银团贷款再融资项目，并成功安排信托结构化融资，此举在业内获得一致好评。此外，中海信托还成功实施某大型国企外资行银团贷款份额受让项目，首创与外资行银团合作为外资行提供头寸管理服务，拓宽中外合作的渠道，为信托业的业务创新提供了借鉴经验。此次参与重庆钢铁股份有限公司银团贷款，是中海信托与外资金融机构业务合作上的又一次成功尝试。

二、银团贷款的分类

（一）直接银团贷款

1. 产品概念

直接银团贷款是指由银团各成员行委托代理行向借款人发放、收回和统一管理贷款。国际银团贷款以直接银团贷款方式为主。

2. 产品特点

（1）成员行权利与义务既彼此牵连又相对独立。各参加银团的成员遵循同一贷款合同约束，但是，直接银团贷款中的每个成员行所承担的权利与义务是相互独立的，彼此之间不存在连带关系，有着明确的切割。每个成员行均独立享有其在银团贷款合同项下的权利，也均独立承担其在银团贷款合同项下的义务。

（2）牵头行的作用贯穿始终。在直接银团贷款中，牵头行不但负责组建银团和组织有关谈判、起草有关法律文件等，而且在银团贷款合同正式签订后，仍需负责后续的对借款人的贷后管理职责，不可以完全将工作甩给代理行（虽然代理行已正式开始承担对银团贷款进行管理的职责），因为整个借款人的情况只有牵头行最为了解，而且获得了整个银团的最大利益。

（3）银团组成相对固定。直接银团贷款的成员行在银团组建后就已经确定，各参加行必须认真履约，否则很可能导致整个银团组建失败，所以参与银团的银行务必慎重，应对银团贷款有着深入的了解和明确的预期，成员行的组成具有相对较强的稳定性。

（4）所有成员行共同进退。左右参与银行的是同一份贷款合同，贷款条件相同。直接银团贷款的成员行一起与借款人就银团贷款合同进行谈判，并一起与借款人签订同一份银团贷款合同，其贷款条件相同。

（二）间接银团贷款

1. 产品概念

间接银团贷款中，由牵头行直接向借款人发放贷款，然后再由牵头行将参加贷款权（即贷款份额）分别转售给其他银行，全部的贷款管理、放款及收款由牵头行负责。

具体地说，间接银团贷款（如图1-1所示），指的是牵头行单独与借款人签订贷款合同并向借款人发放或承诺发放贷款，然后牵头行再通过将部分已经发放的贷款或承诺发放的贷款分别转让给其他愿意提供贷款的银行的方式安排其他愿意提供贷款的银行发放贷款，由牵头行和受让贷款的银行共同组成银团，并由同时作为代理行的牵头行负责贷款管理的银团贷款，此种形式的贷款有时又称参与型的银团贷款。

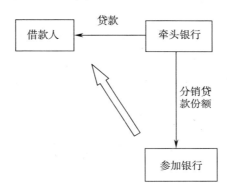

图1-1 间接银行贷款示意图

组建间接银团贷款，牵头行利益极大。牵头行可以以比较高的利率对借款人定价，然后以较低的利率转让给参加的银行，获得可观的点差。

2. 产品特点

（1）牵头行同时是银团贷款的代理行，即牵头行既是银团贷款的组织者，又是银团贷款的代理人，其身份具有多重性，并且要承担更多的责任与义务。

（2）间接银团贷款是一种开放的银团贷款形式，参加行在参加银团和退出银团方面均具有较大的选择余地，稳定性不强。

（3）借款人一般情况下只需要与牵头行签订贷款合同，程序相对简单，工作量较小，符合借款人的利益取向。

（4）法律风险较大。关于直接银团贷款，世界各国一般均有比较完备的专门法律予以规定，而对于间接银团贷款，目前尚缺乏明确的法律规定，不但我国没有间接银团贷款的明确的法律规定，即使在一些金融业发达国家也是如此，这就导致间接银团贷款要依据其他有关法律法规进行调整，因此存在着一定的法律风险。

3. 间接银团贷款分类

根据参加行参加银团方式不同，间接银团贷款可以分为更新型间接银团贷款、让与型的间接银团贷款和转贷款型间接银团贷款等种类。

（1）更新型间接银团贷款

所谓更新型间接银团贷款，是指在经借款人同意前提下，牵头行将其与借款人签订的贷款合同项下发放贷款的义务中的一部分和由此而产生的要求借款人偿还相应贷款本息的权利转让给参加行，参加行因此与牵头行共同向借款人发放贷款而形成的间接银团贷款。

在牵头行与借款人签订的贷款合同中，向借款人发放贷款属于牵头行对借款人所承担的义务，而向借款人收取有关贷款本息则属于牵头行对借款人享有的权利，因此在更新型的间接银团贷款组建过程中，牵头行向参加行转让其在贷款合同项下的发放贷款的义务和收取有关贷款本息的权利的行为的法律性质属于贷款合同权利和义务的概括转让。根据相关法律的规定，债务人同时转让其在合同项下的权利和义务时需要取得债权人的书面同意，否则转让行为不发生法律效力，这对于转让方与受让方来说都是比较大的法律风险，故在更新型的间接银团贷款组建过程中，牵头行在向参加行转让发放贷款的义务和收取有关贷款本息的权利之前，应该与借款人协商并取得借款人的书面同意。

由于更新型间接银团贷款需要取得借款人的书面同意，因此更新型间接银团贷款一般采取牵头行、参加行与借款人共同签订新的有关银团贷款合同的方式，并以各方共同签订的新的银团贷款合同取代牵头行与借款人之间签订的贷款合同。新的银团贷款合同的贷款条件和贷款期限、贷款利率等有关内容可能与原贷款合同一致，也可能不一致。在新的银团贷款合同中，牵头行和参加行均独自承担向借款人发放贷款的义务。除此之外，更新型间接银团贷款也可以采用牵头行与参加行签订贷款权利义务转让协议并取得借款人书面同意的方式，但这种方式较为复杂且容易发生争议，故较少被采用。

在更新型的间接银团贷款中，需要予以注意。

第一，在更新型的间接银团贷款中，各方签订的新的银团合同的内容与直接银团贷款中的银团贷款合同的内容基本类似，并且参加行同样需要承担向借款人发放贷款的义务，因此，此种间接银团贷款与直接银团贷款实际上非常接近，在具体组建过程中可以参照直接银团贷款的有关内容和模式进行。

第二，在更新型的间接银团贷款中，牵头行、参加行和借款人之间签订的新的银团贷款合同取代牵头行与借款人之间签订的贷款合同，此种行为可能会被认定为债务更新，即在牵头行、参加行与借款人之间形成新的债权债务关系，牵头行与借款人之间签订的原贷款合同项下的债权债务关系归于消灭。在这种情况下，如果原贷款合同有担保，则该担保将可能会因为作为主债务的原贷款合同项下的债务的消灭而消灭，即原担保人将不再对新的银团贷款合同承担担保责任，因此，在更新型的间接银团贷款中，应特别注意担保问题，为避免相关法律风险，可以要求原担保人承诺继续对新的银团贷款合同承担担保责任，也可以要求借款人提供新担保。

第三，在更新型的间接银团贷款中，牵头行除向参加行转让发放贷款的义务外，还可能同时向参加行转让部分其已经向借款人发放的贷款，此种情形在法律上属于债权的转让，因此而组成的银团贷款实际上相当于更新型的间接银团和让与型的间接银团贷款的混合，故在银团贷款组建过程中除要注意更新型间接银团贷款的需要注意之处外，还应注意让与型间接银团的需要注意之处。

第四，在更新型的间接银团贷款中，参加行是否参加银团部分依赖于牵头行对借款人及贷款有关情况的介绍，因此牵头行向参加行转让发放贷款的义务时负有向参加行提供借款人及贷款的有关情况的义务，包括如实提供及不得误导和隐瞒等，牵头行违反此义务将导致对参加行的赔偿责任。在实际操作过程中可以通过成员行自行评审和独立承担责任等方式排除或减轻牵头行的此义务及与此而对应的法律责任。

（2）让与型间接银团贷款

所谓让与型间接银团贷款，指的是牵头行将其与借款人签订的贷款合同项下的已经发放的部分贷款转让给参加行，由参加行和牵头行一起作为贷款人而形成的间接银团贷款。

在牵头行与借款人签订的贷款合同中，向借款人发放贷款属于牵头行对借款人所承担的义务，在牵头行按照约定向借款人发放贷款后，要求借款人按照约定偿还贷款本息则属于牵头行对借款人所享有的权利，因此在让与型的间接银团贷款组建过程中，牵头行向参加行转让其在贷款合同项下已经发放的贷款的行为在法律性质属于贷款合同权利的转让。根据相关法律的规定，债权人转让其在合同项下的权利无须取得债务人的同意，但应通知债务人，否则债权转让行为对债务人不发生法律效力，债务人向转让方履行债务仍然发生债务消灭的法律后果，这对受让方来说无疑是一种法律风险，故在让与型的间接银团贷款组建过程中，牵头行在向参加行转让已经发放的贷款时，应该及时书面通知借款人。在实际操作过程中，让与型间接银团贷款一般采取牵头行、参加行与借款人共同签订有关银团贷款合同的方式，也可以采用牵头行与参加行签订贷款转让合同并书面通知借款人的方式。

在让与型的间接银团贷款中，需要予以注意。

第一，并不是所有的债权均可以转让。在牵头行与借款人之间签订的原贷款合同中，可能会约定双方均不得转让其在贷款合同项下的权利义务或类似内容，此种约定属于禁止转让约定。在让与型的间接银团贷款组建过程中，如果原贷款合同中存在此种约定，则仅仅通知借款人转让债权的事实将不能产生债权转让的法律效果，而只有在取得借款人的书面同意后方能产生债权转让的法律效果。

第二，让与型的间接银团贷款也涉及通知债务人的问题。《合同法》第八十条规定："债权人转让权利的，应当通知债务人。未经通知，该转让对债务人不发生效力。"让与型的间接银团贷款属于《合同法》规定的债权转让范畴，因此应根据《合同法》的规定通知债务人。需要说明的是，由于《合同法》规定的通知对象是仅限于主债务人，还是不仅包括主债务人，而且包括抵押人、出质人、保证人等从债务人并不明确，加之有关主管部门颁布的关于抵押和质押的相关规定中有在类似情况下应办理抵押、质押变更登记的内容，虽然该种规定的合法性、合理性及其法律效力均存在着较大的争议，但为避免相关法律风险，在让与型的间接银团贷款组建过程中，有关各方应及时通知主债务人和从债务人，涉及抵押登记和质押登记的，还应及时办理相关变更手续。

第三，在让与型的间接银团贷款中，牵头行向参加行转让的只能是其已经向借款人发放的贷款，即牵头行只能转让其对借款人享有债权，而不包括其对借款人承担任何债务，否则将构成债权与债务的概括转让，依据有关法律规定，债权债务的概括转让应取得债务人的书面同意，否则此转让行为将不发生法律效力，因此而组成的银团贷款实际上相当于更新型的间接银团和让与型的间接银团贷款的混合，故在银团贷款组建过程中除要注意让与型的间接银团贷款的需要注意之处外，还应注意更新型间接银团的需要注意之处。

第四，在让与型的间接银团贷款中，牵头行向参加行转让的只是其对借款人享有的债权，依据有关法律的规定，被担保的主债权转让的，担保债权相应转让，因此，在让与型的间接银团贷款中，不涉及担保合同的效力问题，但为谨慎起见，可以考虑相应修改担保合同。

第五，在让与型的间接银团贷款中，参加行是否参加银团部分依赖于牵头行对借款人及贷款有关情况的介绍，因此牵头行向参加行转让发放贷款的义务时负有向参加行提供借款人及贷款的有关情况的义务，包括如实提供及不得误导和隐瞒等，牵头行违反此义务将导致对参加行的赔偿责任。在实际操作过程中可以通过成员行自行评审和独立承担责任等方式排除或减轻牵头行的此义务及与此而对应的法律责任。

（3）转贷款型间接银团贷款

所谓转贷款型间接银团贷款，指的是参加行向牵头行提供若干款项，由牵头行作为贷款人以自己的名义将此款项与牵头行的款项一起作为贷款发放给借款人，牵头行在借款人偿还贷款本息的范围内向参加行支付贷款本息而形成的间接银团贷款。

与更新型的间接银团贷款和让与型的间接银团相比，转贷款型的间接银团贷款是一种比较特殊的间接银团贷款，主要体现在以下几个方面。

第一，在转贷款型的间接银团贷款中，参加行与借款人之间并不存在任何合同，因此参加行与借款人之间并没有任何直接的债权债务关系，参加行对牵头行与借款人之间签订的贷款合同也不享有任何权利，参加行无权向借款人主张权利，相应地，借款人也只与牵头行之间存在债权债务关系，借款人只能要求牵头行发放贷款，也只向牵头行偿还贷款本息。

第二，在转贷款型的间接银团贷款中，牵头行与参加行之间虽然存在债权债务关系，但牵头行向参加行支付贷款本息的前提是借款人偿还贷款本息，即牵头行在借款人偿还贷款本息的范围内对参加行承担偿还贷款本息的义务，如果借款人并未按期足额偿还贷款本息，则牵头行有权拒绝向参加行支付贷款本息并且对此不承担任何责任（此特点与委托贷款比较接近）。

第三，在转贷款型的间接银团贷款中，参加行与担保人之间并不存在任何合同，因此参加行与担保人之间并没有任何直接的债权债务关系，参加行对牵头行与担保人之间签订的贷款合同也不享有任何权利，参加行无权向担保人主张权利，相应地，担保人也只与牵头行之间签订有担保合同并存在债权债务关系，担保人只向牵头行承担担保责任，但对于行使担保权而取得的有关款项，牵头行应按照与参加行的约定支付给各参加行。

第四，在转贷款型的间接银团贷款中，牵头行、参加行实施的组建银团等有关事宜属于牵头行与参加行之间的内部行为，一般无须与借款人协商或通知借款人，只要牵头行与参加行之间达成一致意见即可。

第五，在转贷型的间接银团贷款中，参加行是否参加银团部分依赖于牵头行对借款人及贷款有关情况的介绍，因此牵头行向参加行转让发放贷款的义务时负有向参加行提供借款人及贷款的有关情况的义务，包括如实提供及不得误导和隐瞒等，牵头行违反此义务将导致对参加行的赔偿责任。在实际操作过程中可以通过成员行自行评审和独立承担责任等方式排除或减轻牵头行的此义务及与此而对应的法律责任。

转贷款型的间接银团贷款实际上存在着两个相互独立的债权债务关系：参加行与牵头行之间的债权债务关系和牵头行与借款人之间的债权债务关系。两个不同的债权债务关系之间虽然在事实上存在一定的关联，但其在法律上是完全独立的，各方当事人均按照有关合同享有权利并承担义务。

4. 间接银团贷款的当事人及其各自的主要权利义务

间接银团贷款的当事人包括借款人、牵头行、代理行、参加行和担保人，作为银团贷款的种类之一，借款人、牵头行、代理行、参加行和担保人的权利义务与直接银团贷款中借款人、牵头行、代理行、参加行和担保人基本相同。

5. 银团内部的成员行之间的法律关系

（1）牵头行与其他成员行之间的法律关系

在间接银团贷款中，牵头行与其他成员行之间是通过合同联系在一起的，因此牵头行与其他成员行之间应该是合同关系，根据间接银团贷款的种类的不同，牵头行与其他成员行之间的合同关系主要包括更新型间接银团贷款中的债权债务转让合同关系、让与型间接银团贷款中的债权转让合同关系和转贷型间接银团贷款中的借款合同关系。

（2）代理行与其他成员行之间的法律关系

从代理行的权利义务以及参加行的权利义务的内容可知，代理行与其他成员行之间实际上是一种委托—代理关系，即代理行实际上是作为银团各成员行的委托代理人，根据各成员行的授权而履行对银团贷款进行日常管理等职责的，这在银团贷款合同和银行间合作协议关于代理行职责的条款中往往也有相应表述，如"各成员行不可撤销授权代理行行使本条规定的职责"等，在这种情况下，代理行作为各成员行的代理人，其在授权范围内实施的代理行为的法律后果应由银团各成员行共同承担，但代理行超越授权范围而实施的行为的法律后果则应由其自行承担（此时又涉及表见代理和善意第三人的问题，如果代理行的行为构成表见代理，则可能会对银团其他成员行产生非常不利的影响，为避免这种情况的出现，可以考虑在银团贷款合同中明确各成员行对于代理行的授权的范围，同时强调代理行实施的重大行为应出具银团会议的决议或其他成员行共同出具的函等）。

既然代理行与其他成员行之间是委托—代理关系，因此代理行与其他成员行之间的权利义务应适用《民法通则》和《合同法》中关于委托合同的规定，因此在起草银团贷款合同和银行间合作协议中关于代理行职责的条款和参加行的职责的条款时，可以参照《民法通则》和《合同法》中关于委托合同的规定，以利于直接银团贷款更加规范。

（3）各成员行之间的法律关系

间接银团贷款的各成员行是基于合同而联系在一起的，故各成员行之间为合同关系。此合同主要包括银团贷款合同、银行间合作协议等，各成员行在上述合同项下的法律关系具有如下特征。

①各成员行之间的地位平等。间接银团贷款中的各成员行之间的法律地位平等，主要体现为平等按照贷款份额利益共享、风险共担，包括按照贷款份额的比例发放和回收贷款，按照贷款份额行使银团会议表决权等。

②各成员行之间的权利与义务相对独立。间接银团贷款中的每个成员行所承担的权利与义务是相互独立的，彼此之间不存在连带关系。

6. 银团成员行与借款人和担保人之间法律关系

（1）银团成员行与借款人之间法律关系

间接银团贷款成员行与借款人之间是债权债务关系，这种债权债务关系是相对的：成员行对借款人负有按照银团贷款合同约定发放贷款的义务，借款人享有要求成员行按照银团贷款合同的约定发放贷款的权利；借款人负有按照银团贷款合同的约定向成员行偿还借款本息的义务，成员行享有要求借款人按照银团贷款合同的约定向成员行偿还借款本息的权利。

成员行与借款人实际上是互享债权和互负债务的，对于已经发放的贷款，借款人负有按照银团贷款合同的约定向成员行偿还借款本息的义务，成员行享有要求借款人按照银团贷款合同的约定向成员行偿还借款本息的权利，此部分贷款属于成员行对借款人享有的债权，成员行在通知债务人后即可予以转让；对于尚未发放的贷款，成员行对借款人负有按照银团贷款合同的约定发放贷款的义务，借款人享有要求成员行按照银团贷款合同的约定发放贷款的权利，此部分贷款属于成员行对借款人负有的债务，成员行须取得债务人和担保人的书面同意后方可予以转让。

　　在转贷型间接银团贷款中只有牵头行与借款人签订借款合同，因此，在转贷型间接银团贷款中，只有牵头行与借款人之间存在着债权债务关系，其他成员行与借款人之间并不存在债权债务关系。

　　（2）银团各成员行与担保人之间的法律关系

　　银团各成员行与担保人之间是担保关系，当借款人违反银团贷款合同和担保合同的相关约定时，成员行有权要求根据担保种类的不同而要求担保人承担相应的违约责任，担保人对成员行的主张除享有担保合同和相关法律规定的抗辩权外，还享有借款人拥有的抗辩权，同时担保人承担担保责任后有权向反担保人和借款人进行追索。

　　需要特别说明的是，在转贷型间接银团贷款中只有牵头行与担保人签订借款合同，因此，在转贷型间接银团贷款中，只有牵头行与担保人之间存在着担保关系，其他成员行与担保人之间并不存在担保关系。

小贴士

　　选择信贷客户就是一个相互妥协的过程，公司业务部门和信贷风险审批部门彼此妥协。公司业务部门希望适度降低要求，这样达到标准的客户会更多，信贷审批部门希望提高标准，这样可以更有效地控制风险，而能够达到审批标准的客户数量会有一定程度下降。因此，各部门间要彼此适度妥协，以此找到控制信贷标准和控制风险的最佳切入点。

第二节　银团贷款的特点

银团贷款一般具有贷款金额大、期限长的特点，适用于各种期限的本外币大型集团企业的流动资金贷款、大型中央企业的固定资产贷款、房地产开发贷款、政府背景的项目融资、大型的贸易融资、大型的履约保函等授信业务需求。

一、银团贷款的特点

银团贷款是相对于传统单一贷款的一种贷款形式，具有以下特点。

（1）牵头行拍板，代理行办事。在银团贷款中，牵头行更接近"大管家"的角色，它根据银团贷款协议行使职责，全部成员行基于信任组成银团。但是牵头行基本不做具体的工作，而是委托代理行代为处理各项工作。银团贷款法律文件签署后，由代理行统一负责合同的执行和贷款管理。在国内，大型贷款项目，基本是由国开行担任牵头行，由其他银行担任代理行，承担项目的具体放款及账务处理事项。

（2）各参加行独立承担风险，平分收益。银团的贷款行根据牵头行提供的信息备忘录进行独立的判断作出信贷决策。这是银团能够组成根本基础，典型的比例共享可以体现在银团的提款和放款环节中，各成员行依照银团协议约定的出资份额提供贷款资金，并按比例回收贷款本息。当然，比例共享原则在银团中还有其他方面，比如银团会议的表决等，这充分体现银团中的公平原则——风险、收益和权力都是对等的。

（3）多边贷款方式，基于相同的贷款条件，使用同一贷款协议。

（4）授信对象多为大型客户和大型项目的融资，包括项目融资、企业并购、资产重组、进出口贸易、发行股票债券等过程中的过渡性融资需求及结构性融资需求等。

（5）筹资金额大、贷款期限长，由多家银行参加组成，可以提供巨额的信贷资金，克服了单家银行资金和贷款规模的限制。

（6）多家银行按照各自贷款的份额承担贷款风险，银团贷款大都明确约定贷款份额可以在银团内外自由转让，有利于银行提高资产流动性。

（7）可以有效避免同业过度竞争，维持市场秩序，提高银行信贷产品的定价议价能力，提高银行配置信贷资源的效率。

（8）可以提高银行特别是牵头行和安排行的影响和知名度，同时增强了各贷款银行间的业务合作。

（9）相对于借款人与各家银行单独谈判并签订一对一借款合同的贷款方式，筹资时间较短，筹资成本较低。

二、银团贷款与单一贷款、其他融资工具的比较

银团贷款与单家银行提供贷款在资金使用上和担保的选择上基本相同，但银团贷款更多是出于分担风险的需要。银团贷款可以便捷高效满足企业大额资金的需求。

（1）各参加银行可以有效分担风险。多家银行同时参与，各自按照自己的信贷标准进行审查，可以集合大家的智慧发现企业的风险，同时，各家银行分担项目的风险。相对于一家银行的单兵作战，风险积累于一家企业身上，银团贷款无疑更加风险分散化。

（2）可以提高对借款人的牵制。由于参加银团贷款的为多家银行，借款人通常会非常慎重，毕竟多家银行在市场上影响力较大，一旦借款人违约，多家银行会联合惩罚借款人，借款人会非常忌惮。为什么开发银行在市场上贷款风险很小，主要是因为国家开发银行形成了对各地政府的资金主要供应商的地位，各地政府都会非常忌惮开发银行，一旦借款人有风险信号，当地政府就会出面给借款人施加压力，而地方政府具有很强的威慑力。

（3）银团弹性的提款和还款的安排。银团贷款一般提供非常灵活的提款和还款安排，可让借款人根据资金使用计划充分合理地运用资金，提高资金利用率，还款时可按企业现金流特点作相匹配安排。在这样的安排下，借款人通过一笔融资获得多家银行的信用。

（4）与一般贷款相比，银团贷款因为参加银行多，可以提供比单一贷款更大额度、更长期限的资金，并可以使企业通过一笔贷款获得多家银行的授信，与之建立授信业务合作关系。

在组织银团时，一些借款人会担心银团会延长企业的筹资期限，其实这样的担心大可不必，因为在银团贷款的业务谈判中，借款人只需委托牵头行，

由牵头行代借款人与各家潜在参加行进行谈判，谈判的框架基于事先确定的贷款条件清单，因此可以有效地缩短谈判周期；银团贷款的发放与偿还、抵/质押物的登记、提款条件的审核和贷后管理统一由代理行代为办理，可以大大减少企业的工作量，提高企业的运作效率。

银团贷款与单一贷款的比较、与其他融资工具的比较、与联合贷款的比较参见表1-1至表1-3。

表1-1　　　　　　　银团贷款与单一贷款的比较

项目	银团贷款	单一贷款
参加银行	国内的商业银行，一般都在3家以上	单一银行
针对项目	特大型的集团项目融资	企业的流动资金需要
贷款金额	一般较大，多在5亿元以上	较小，受单一银行对客户额度的限制
市场声誉	可以帮助企业建立公开记录，在各家银行树立良好的品牌形象	单一贷款通常不公开
运作时间	从提出申请到实际放款，通常1个月左右时间	视银行对企业的了解程度，最快可以在2天内搞定
后续管理	牵头行负责架构设计，由代理行管理日常操作，参加行需要及时得到反馈资料	属于自营贷款，银行自身直接操作全部的过程

表1-2　　　　　　　银团贷款与其他债务融资工具的比较

项目	银团贷款	其他债务融资工具
借款人资质	有无外部评级皆可	通常要求有外部评级
资金提供者	商业银行和财务公司为主	各类机构投资者
提款/还款方式	灵活	一次性提款/还款
综合发行费用	包括牵头安排费、代理费、法律费等，费用相对较低	包括法律、尽职调查、路演、文件制作、上市等费用，相对较高

表1-3　　　　　　　银团贷款与联合贷款的比较

项目	银团贷款	联合贷款
银行间关系	结成统一体，通过牵头行和代理行与借款人联系	各行相互独立，分别与借款人联系
贷款评审	各银行以牵头行提供的信息备忘录为依据进行贷款决策	各行分别收集资料，多次评审

续表

项目	银团贷款	联合贷款
贷款合同	统一合同	每家银行均与借款人签订合同
贷款条件（利率、期限、担保方式等）	统一的条件	每家银行均与借款人分别谈判，贷款条件可能不同
贷款发放	通过代理行按照约定的比例统一划款	分别放款，派生存款分别留在各行
贷款管理	由代理行负责	各行分别管理自己的贷款部分
贷款本息回收	代理行负责按合同收本收息，并按放款比例划到各行指定账户	各行按照自己与借款人约定的还本付息计划，分别收本收息

三、银团贷款的担保

代理行负责办理银团贷款的担保抵押手续，负责抵/质押物的日常管理工作。

如果借款人提供抵押或者借款人的母公司提供担保，则由代理行出面与担保人签订相应的抵押合同和担保合同。在抵押合同和担保合同中，代理行必须明确，是代整个银团与客户办理抵押和担保手续，在处置抵押和担保物后，将所得款项平均分给各参加行成员。银团贷款中，各参与方关系见图1-2。

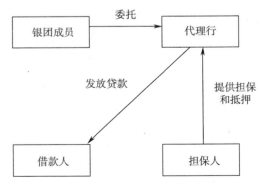

图1-2　银团贷款各方关系示意图

小贴士

　　我们要做一个会算账的客户经理，按照给银行创造最大利润的方式设计授信方案，同时这个授信方案又能满足客户的商业经营需要，这就是一个优秀的授信方案。客户经理要明确这个授信方案的收益，掌握各种授信产品交叉销售的技巧。

第三节　银团贷款的意义及内部风险

一、银团贷款对借款人的重要意义

　　（1）促进企业规模发展壮大。银团贷款可以充分发挥金融整体功能，更好地为企业特别是大型企业和重大项目提供大额融资服务，促进企业集团壮大和规模经济的发展。募集资金量大、筹措期限较短的客户，可以采取银团贷款方式筹集资金。

　　（2）提升借款人品牌形象。能够借入银团贷款，就是对借款人品牌形象以及实力的肯定。银团贷款在银行业内人人皆知，通常都是大型知名的企业借入银团贷款，能够参与银团贷款，对借款人将来的融资会有很大的促进作用。

　　（3）在商业银行系统内建立金融人脉资源。通过办理银团贷款，借款人可以接触多家银行，积累深厚的金融人脉资源，对借款人而言，这是一笔巨大的宝贵财富，可以为企业后续的发展提供资源支持。金融是所有行业的核心资源，是企业发展的动力。银团贷款的参加银行一般都是金融市场内活跃的大型银行，有着极强的市场影响力。

二、银团贷款对银行的重要意义

　　（1）有利于银行信用风险的识别。传统单一贷款中，经常出现客户多头贷款和超风险承受力借款，尤其是对集团客户，容易出现过度授信的风险。而银团贷款则要求通过"同伴监督"，形成信贷风险管理团队，减少信息不对称引发的问题。这样不仅可以有效提高对借款人的信用识别度，分散单个银行的单户贷款风险，而且有利于银行从共同利益出发，共同防范和控制各类风险，分散和防范贷款风险。

（2）增加银行的财务顾问业务收益，转变盈利模式。银团贷款中手续费收入在中间业务收入中的占比较高，尤其是牵头银行，会赚取极为可观的手续费。牵头银行办理银团贷款，在获得合理的手续费收入的同时，对其盈利模式的改变也将具有重要促进作用。

（3）增进银企关系，扩大市场影响。能够牵头筹组银团贷款，是一家银行信贷组织能力和金融市场认可度的综合体现。成功地为客户筹组银团贷款，可以维系和增进与客户的关系，扩大市场影响，在获取业务收益的同时达到良好的品牌宣传效果。

（4）强势控制借款人。由于组成银团的银行一般都在3家以上，借款人不敢轻易违约，一旦借款人违约，将受到整个银团的制裁。而各家银行一旦都停止对借款人提供金融服务，将对借款人构成致命的打击，该借款人恐怕连收汇款最基本的服务都得不到，一旦脱离银行系统，该企业将无法生存。

（5）有利于参加的银行分散信贷风险。银团贷款是众多银行对同一借款人提供一笔数量较大的资金，避免了因信贷集中带来的"鸡蛋放在同一个篮子里"的风险。同时银团贷款强调贷款银行要量力而行，制定合理的风险偏好政策，避免"垒大户"造成的风险过度集中，从而改善其信贷风险结构。

（6）有利于提高银行资产流动性。随着商业银行资金运用的长期化，其资金面临着期限结构不匹配的矛盾，流动性压力逐步显现。通过银团贷款的分销，可以降低存贷比、控制信贷规模，从而提高信贷资产的流动性。另外，银团贷款的标准化文本和转让机制便于信贷资产在各金融机构间的流转，也能改善和增强流动性。

三、银团贷款的内部风险

1. 参加行面临的银团组织内部风险

（1）牵头行不诚信风险。如果牵头行信息披露不充分、不及时或信息披露错误，甚至故意隐瞒对参加行不利的信息，都会给参加行带来风险。作为参加行，要关注牵头行与借款人是否存在利益关联、与银团其他成员是否存在利益冲突以及是否尽职。有些牵头行在得知借款人的经营危险信号后，利用信息不对称的优势，自己提前金蝉脱壳，将风险甩给其他银行。

（2）代理行代理风险。这是指代理行不尽责的风险，如果代理行懈怠，会产生巨大的风险，代理行必须严格审核各项贷款合同文件，并做好贷后的管理工作。

（3）参加行维权风险。在借款人违约的情形下，各贷款行应当在取得银团同意后采取统一的资产保全措施，而银团一般会按所占份额行使表决权，使得份额较小的参加行的权益可能难以得到保障。此外，银团贷款牵头行、代理行在履行其职责过程中通常坚持要求将一些保护性条款订入银团贷款协议中，这些条款又称为"鸵鸟条款"，对这类条款参加行应予以特别关注，以维护自身权益。

2. 牵头行面临的银团组织内部风险

（1）银团筹组风险。如果参加行承诺份额不够，在牵头行非全额包销方式下，银团面临筹组失败的风险，这对牵头行是重大的信誉风险。

（2）全额包销风险。牵头行在全额包销方式下，如遇对参加行分销困难，有责任根据贷款承诺条件提供全部贷款，而商业银行法规定，对单一借款人贷款不得过度集中，否则会使贷款银行面临巨大的监管风险。

3. 代理行面临的银团组织内部风险

银团贷款的日常管理工作主要由代理行负责，代理行如果工作失误或不尽职引起银团成员的利益受损，就会面临撤换或责任追究风险。

小贴士

　　银行客户经理要具备良好的沟通能力，要能够与行内的信贷审批人员和行外的客户进行有效沟通，求得他们的共同支持。行外的客户支持你，行内的信贷审批人员信任你，你就会获得成功。

第二章　银团贷款基本流程及适用对象

第一节　银团贷款的基本流程

银团贷款基本流程如图2-1所示。

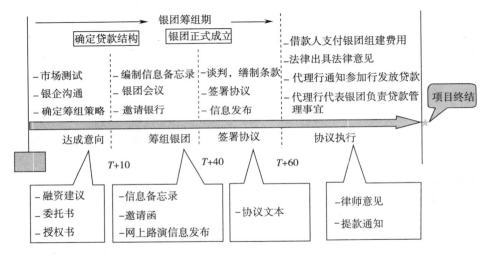

图 2-1　银团贷款基本流程

①银行客户经理关注客户的融资需求；

②收到客户贷款信息/融资招标书；

③与客户商讨、草拟贷款条款清单、融资结构；

④银行获得银团贷款牵头行/主承销行的正式委任；

⑤银行确认贷款金额；

⑥确定银团筹组时间表、组团策略及银团邀请名单；

⑦准备贷款信息备忘录，拟订组团邀请函，向有关金融机构发出邀请；

⑧参与行承诺认购金额；

⑨确认各银团贷款参与行的最终贷款额度；

⑩就贷款协议、担保协议各方达成一致；

⑪签约；

⑫代理行工作。

【案例】某银行成功营销银团贷款案例

一、案例概况

本地优质、高端客户 A 是银行大力关注的目标客户，该客户对银行却没有资金需求，但 A 公司的海外子公司 B 有 900 万美元的资金需求。为达到成功营销 A 公司的目的，我们为 B 公司设计了一个 900 万美元的可转让银团贷款，由本银行与一家外资银行作为贷款行。以此为切入点，银行开始与 A 公司全面合作，为银行带来了 7 600 万元人民币的稳定存款，此外两年内将有超过 3 000 万美元的国际结算，下一步我们还计划争取扩大 A 公司在银行的结算量。

二、该营销案例操作思路的形成

A 客户连续几年保持年利润 7 000 万元至 1 亿元，没有银行借款，而银行存款有 9 000 万元，家底殷实。A 客户原有的开户银行仅有两家，一家是农信社，一家是国有商业银行。A 客户对原有银行忠诚度非常高。

针对 A 客户，我们展开长期的跟踪营销，前后有近两年的时间。前期，我们向客户推荐综合授信业务，但 A 没有资金需求；推荐保理业务，可是企业的销售大多通过下属的销售网络实现；干脆拉存款，却没有足够的理由，原有开户银行又盯得紧。面对这"铁板一块"，我们按照分行领导的指示，坚持高位切入，与 A 客户的核心层保持定期的沟通，了解客户的最新动态。

我们了解到 A 客户核心层在海外设立窗口公司 B，B 公司的经营目标主要有两个：其一是为 A 公司拓展海外市场，提高产品在海外的销售覆盖面。其二是开展投资业务。针对这一信息，我们与分行信管部、公司部进行充分的分析、讨论，寻找客户的需求点，初步形成"以投资银行的理念开展传统银行业务"的思路，从为 A 客户完善公司总体架构的角度，以银团贷款作为切入点，最终实现对 A 公司的营销。

三、营销方案的操作流程

1. 银企双赢的基础上，确定银行收益

我们坚持在人员营销上高位切入，在方式上以银行高端产品银团贷款切入。整个营销方案在思路、方式上具备大大优于其他银行的条件，也就是掌握与 A 客户谈综合收益的筹码。就此，我们先与 A 客户谈好开户及配套的存款、国际结算的条件。

2. 银团参与行、银团贷款结构方案、份额安排的确定

银行收益确定，接下来就是银团贷款的操作。首先，我们在信贷管理部的协助下找到一家与本银行有过合作的外资银行。接下来，在银团贷款结构方面遇到一个现实问题是：有需求的是该客户的海外子公司 B，母公司 A 仍然没有需求，而 B 公司经营没有母公司 A 那么成熟，信誉度也没有母公司那么高，在此情况下，如何找到一个优质的担保人。银团贷款模式不同于一般的国内贷款所采用的单边贷款模式，它是一个双边贷款的模式，银团参与行需要多边审查、独立判断、多边监督。因此，我们设计的银团贷款结构既要得到本银行认同又要得到参与银团的外资银行认同，同时又必须符合外管政策的规定，还要围绕银行对其母公司的营销目的。

针对这一问题，我们与客户、分行管理部门、总行公司部及外资银行进行大量的沟通与探讨。这个过程持续近 3 个月，最终找到经营良好的，并与 A 公司有大量业务合作的 C 公司。C 公司是一家允许自行决定对外担保的企业，同时 C 公司良好的发展有赖于与 A 公司的长期合作，因此愿意为此次银团作担保。就此解决了找担保人的问题。在此基础上，银团借款的结构安排、份额安排得以顺利完成。同时，通过这一过程，本行与该客户的核心层建立了良好的合作伙伴关系，达到银行的前期营销目的。在这一过程里，也遇到银行与外资银行之间关于银团安排费、代理费的分配的问题。我们在这个问题的处理中采用较好的策略，首先，我们分行扮演"白脸"的角色，适度打压外资银行，而由总行公司部银团处扮演"中间人"的角色，相互配合、相互协同，较好地解决这个问题，为银行争取到 7 万多美元的银团费。

3. 完成银团审批手续

在银团的审批过程中，我们主要做资料收集、材料撰写、协调沟通的工作。这一工作同样因涉及多个方面而变得较为复杂，持续 1 个月时间。该银团审批过程中得到总行公司部、分行领导、分行公司部、分行信贷管理部的大力支持与协助。正因为如此，银行的银团审批工作顺利完成。同时，银团参与方——外资银行的审批也较快地完成。接下来就是合同文本起草、各方确认的过程，由于银团贷款文本不同于国内一般贷款，要按照每一个不同的案例作文本，同时又要涉及各方的确认。这一过程比我们原先预料的要长得多，反反复复用了

近 1 个月的时间。最后是签约、办理放款手续、安排收息、还本的过程。

四、此次营销的几点体会

（1）此次营销中，我们之所以能从其他银行手中抢夺到这个优质客户，制胜的核心是两条：其一是坚持跟踪营销，坚持人员高位切入；其二是挖掘客户的深层次需求，开拓思路，为客户"量身定做"营销方案。

（2）此次营销的操作核心是银团贷款，经历这个过程，我们深切体会到业务处理中团队协作的必要性与重要性。银团贷款是一个团队操作的产品，不是某个人或某个支行所能完成的。它需要支行、分行、总行的上下的协同及与客户、银团其他参与行横向的协调、谈判。在此次的银团贷款操作过程中，我们得到分行领导、分行信管部、分行计财部、分行国际部与其他兄弟支行的支持与协助，也得到总行公司部营销处的大力支持与指导。

（3）通过此次营销，对业务精细化操作也有新的认识。其一，此次银团贷款涉及的环节较多，且其政策性很强，在大的框架确定的前提下，必须缜密思考每一步骤。我们是第一次操作此类业务，没有经验，为能够顺利推进业务，我们一边深入考虑每一个环节，一边在重要步骤实施前都请示分行与总行公司部，由它们帮我们把好关。其二，对精细化操作的认识体现在对客户需求的深入挖掘与银行服务的跟进上。客户深层次需求的发掘是建立在多次沟通，并因此而相互信任基础上的，同时，要提高银行的综合收益也需要对客户的经营作细致的了解并提供热情的服务。其三，此次业务操作时间长、涉及方面多、操作环节复杂、沟通工作量大，这些与我们原先操作的业务有区别，需要我们的耐心与信心。我们在操作中也有悲观、失望的时候，经过此次业务，我们感觉到良好的心态也是业务精细化操作的一个前提。

小贴士

　　银行客户经理必须掌握正确的为人处世之道，能够与大部分客户融洽相处。与别人相处的时候，多看对方的优点，对整个世界都充满了感恩，微笑着看待这个世界的每一个人，这个世界也会带给你足够多的笑脸，你的客户自然会源源不断。

第二节　银团贷款的适用对象

一、大型房地产公司

大型的房地产公司在开发巨型房地产项目的时候，往往需要银团贷款。国内知名的大型房地产公司都是银团贷款的优质对象。国内广州亚运会，就是由五大房地产公司组成联合体，向商业银行融资。

【案例】首开股份贷款12亿元发展厦门项目

首开股份为满足公司全资子公司厦门首开翔泰置业有限公司项目建设资金需求，申请了为期3年的12亿元房地产开发银团贷款。

在首开股份申请的12亿元银团贷款中，向中信银行厦门分行的贷款为8亿元，交通银行厦门分行的贷款为4亿元。厦门翔安区X2009G05地块土地使用权作为此次贷款的抵押。

此次贷款由首开股份大股东北京首都开发控股（集团）有限公司提供第三方连带责任保证担保。担保费率参考市场化定价原则并进行一定的下浮，公司按0.5%的费率向北京首都开发控股（集团）有限公司支付担保费。

二、城投公司

各地地方政府背景的城投公司都需要大额银团贷款。城投公司由于依托政府背景，有政府背景的信用背书，所以融资能力强大。

三、大型铁路项目

国内的大型铁路项目都需要操作银团贷款。铁道部所属的18个铁路局和地方国有铁路投资集团的公司都是银团贷款的客户群体。

【案例】广西与4家银行签订铁路项目银团贷款协议

为确保新开工铁路项目的顺利实施，广西铁路投资集团有限公司与国家开发银行广西分行、中国农业银行广西分行、银行广西分行、交通银行广西分行签署"广西铁路项目第三期银团贷款合同"。

广西铁路投资集团有限公司作为自治区人民政府铁路建设筹融资平台，5年内要筹集数百亿元资金，投入大规模的铁路项目建设。为筹集铁路建设资金，参照前两期银团贷款的模式，组建规模为55亿元、贷款为41.3亿元的第三期银团贷款，以确保2008年12月末开工的新建云桂铁路等4个铁路项目中征地拆迁项目的资金需求。

广西坚持交通优先发展战略，把铁路建设作为综合交通体系建设的重中之重。2009年广西铁路建设新建9个项目、续建12个项目，广西境内建设里程近3 000公里，完成投资222.13亿元，超过前10年投资总和，比2008年增长5.1倍，项目个数、建设里程和投资规模均位居全国前列。

四、大型地铁项目

国内地方的地铁项目经常使用的就是银团贷款，其贷款金额大，期限长。北京、上海、武汉、深圳等地的地铁项目都是大额银团贷款建成。

【案例】南宁轨道交通1号线获123亿元直接银团贷款

南宁市轨道交通1号线工程银团贷款金额达123亿元，这是南宁市乃至广西在城市基础设施建设领域获得的金额最大的一笔直接银团贷款，为南宁市轨道交通1号线工程全线开工提供了有力的资金保障。

南宁轨道交通有限责任公司分别与银团各单位签署南宁市轨道交通1号线工程人民币资金银团贷款合同。根据合同约定，国开行广西分行、建行广西区分行、广西区农信社、广西北部湾银行4家金融机构为南宁市轨道交通1号线工程提供总额达123亿元的银团贷款。其中，国开行广西分行提供97亿元的信贷支持，建行广西区分行提供20亿元贷款。

五、大型公路项目

大型公路建设项目中，各地的交通厅和公路局都需要巨额银团贷款，尤其是收费高速公路，其现金流稳定，非常适合办理银团贷款。

六、大型基础设施项目

大型市政府工程、桥梁、热管网、公园、体育场馆等，都需要大额的银团贷款。

七、大型造船项目

造船行业属于资金密集型行业，需要巨额的银团贷款。

【案例】 大连银团贷款支持韩资企业发展

以建行大连分行为牵头行，由中行辽宁省分行等10家大连金融机构组成银团，为辽宁省最大的韩资企业STX大连集团提供28.5亿元人民币贷款，支持该企业在大连的船用发动机及精工项目的发展。在银团贷款的支持下，STX大连集团建造的第一艘5.8万吨散货船得以顺利完成，创造了22个月交付船东的全球造船纪录。

小贴士

  杰出的银行客户经理都是熬出来的，要能够忍受别人不能忍受的，在别人休息的时候，你去陪客户，在别人过周末的时候，你在写授信报告。你眼光长远，意志坚定，能吃苦耐劳，能够看到别人看不到的长远的东西。只要你认为方向是对的，就要苦熬下去，坚定信念，一定会成功。

第三章　银团贷款的组成

第一节　银团贷款的成员及职责

银团由多家具有贷款资格的金融机构共同参与组成，它们分别承担牵头行（或称安排行）、代理行及参加行的角色（如图3－1所示）。这些金融机构按照银团贷款合同约定的各自承贷的比例履行职责、享受权益、承担风险。各家银行除份额的竞争外，在银团地位角色上竞争同样激烈，尤其是竞争牵头行，这是因为牵头行可以获得一定财务顾问费收入，这部分费用收入非常可观。

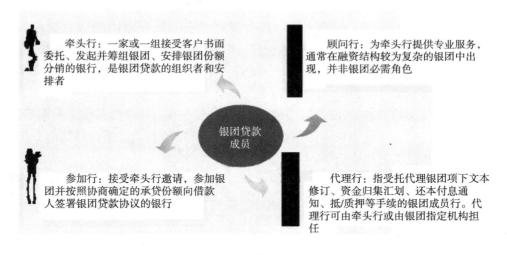

牵头行：一家或一组接受客户书面委托、发起并筹组银团、安排银团份额分销的银行，是银团贷款的组织者和安排者

顾问行：为牵头行提供专业服务，通常在融资结构较为复杂的银团中出现，并非银团必需角色

银团贷款成员

参加行：接受牵头行邀请，参加银团并按照协商确定的承贷份额向借款人签署银团贷款协议的银行

代理行：指受托代理银团项下文本修订、资金归集汇划、还本付息通知、抵/质押等手续的银团成员行。代理行可由牵头行或由银团指定机构担任

图3－1　银团贷款成员角色

下面就主要成员角色作简单阐述。

一、牵头行

牵头行就是一笔银团贷款中的带头大哥，所有参加银团贷款的兄弟看大

哥的旗号行事。牵头行一般都是在本地有着极好名望的大型银行担当。

牵头行是一家或一组接受客户书面委托筹组银团并安排贷款分销的银行，是银团贷款的组织者和安排者。牵头行在银团贷款份额安排上，可以采取包销或分销的策略，当然，对于承担分销责任的牵头行，在市场信贷规模紧缺、贷款利率和费用水平不够理想、借款人信誉欠佳时，牵头行可能会遭遇银行认购份额不足的风险。目前，国内基本是必须承诺包销，借款人才会委托其担任牵头行。

牵头行主要职责包括接受借款人的委托、对借款人进行贷前尽职调查、设计融资结构、进行市场测试、寻找潜在贷款银行、制订筹组时间表、编制信息备忘录、向潜在参加行推荐项目、代表各成员行与借款人谈判、确定贷款条件、组织召开银团会议、协调成员行之间的关系、聘请律师等相关中介机构、起草贷款合同等法律文件、安排银团签约和宣传等。由于牵头行承担大量的工作和责任，因此，银团贷款的前期费用一般都会支付给牵头行并由其进行分配。

单家银行担任牵头行时，其承贷份额原则上不低于银团融资总金额的20%，分销给其他银团贷款成员的份额原则上不低于50%。对于金额较大的银团贷款，除牵头行外还可设立一个或若干个副牵头行来协助工作，出现两个或多个银行联合牵头。

以上份额约定有其合理性，因为牵头行掌握所有的客户的基础交易细节，如果牵头行自己一点份额也不承担，采取全部转让的方式，那么其他的参加行就会承担巨大的风险。

二、代理行

代理行就是跑腿的银行，组成一个团队后，带头大哥负责揽生意，具体跑腿肯定则找一个小弟，这个小弟就是代理行。当然，借款人要在代理行开立结算账户，办理银团贷款的收取，由于代理行有存款回报，所以，很多带头大哥也乐意挣这个打酱油的钱。

代理行是受银团委托负责贷款后续管理的银行。代理行可由牵头行担任，也可由银团贷款成员协商指定另外的机构担任，通常代理行会由贷款管理经验丰富和结算能力强的商业银行来担任。代理行从法律意义上讲是银行代理人，其主要职责在《银团贷款业务指引》中有详细的规定，概括来说主要是负责提款、还本付息、贷款管理等贷款事宜，负责借款人和银团成员之间的信息沟通并处理违约事件等。在结构比较复杂的银团贷款中，还可对代理行进一步细分，如设立账户代理行、放款代理行、还款代理行、担保代理行、文本代理行等，负责协调落实银团贷款的各项事宜。

代理行的工作贯穿银团贷款始终，事关银团的平稳运行。因此，担任代理行的机构应尽职尽责，如因代理行行为过失或不作为导致银团利益受损，银团有权根据银团贷款协议的约定予以更换，并要求原代理行对相关损失进行赔偿。

三、参加行

参加银团贷款，提供资金的银行称为参加行。

在金额较大、参加行众多的银团贷款中，为提高银团筹组成功率和效率，可由牵头行组织实力较强、经验较丰富的参加行组成经理团（承销团）负责银团组成和银团贷款协议签署，经理团成员也可称为高级经理行或经理行。

参加行在接到银团邀请函及信息资料后，应进行独立评估，认真探讨银团贷款合同的法律风险、该合同所依据的授信条件、借款人公开的信息范围、合同中规定的承担义务，不依赖牵头行的判断和评价。

银团参加行主要职责一是参加银团会议，按照约定及时足额划拨资金至代理行指定的账户，二是贷款续存期间应了解掌握借款人的日常经营与信用状况的变化情况，对发现的异常情况及时通报代理行。

以上综合《银团贷款业务指引》（以下简称《指引》）与《银团贷款合作公约》（以下简称《公约》）对银团贷款参与各方职责的规定和约定，各银团成员应尽职履责。此外，银团贷款的相关合同文件也约定银团贷款合同当事人间的权利和义务，银团参与各方应该遵守合同约定。如果合同文件与《指引》或《公约》的解释不一致时，应该优先适用合同文件的约定。合同文件包括但不限于委任安排函、邀请函、保密协议、信息备忘录、参加行承诺函、各种合同（银团贷款合同、担保合同、保证书等）以及费用函等。

中国的商业银行对参加国际银行组织的银团贷款要非常注意，由于信息的不对称和对国际银团贷款规则不熟悉，我们中资银行经常面临巨大的风险，而且很多出现了严重损失，下面给大家提供的是中国商业银行参加国际银行组织银团贷款的损失案例。

【案例】 中国航油（新加坡）的银团贷款悲剧

案例回放1

中国航油（新加坡）获得巨额银团贷款

中国航油（新加坡）股份有限公司于2003年与以法国兴业亚洲有限公司为首的10家银行共同签署一项总额为1.6亿美元的5年期可转让贷款协议。

中航油此次是在无抵押、无担保等条件下获得如此巨大规模的贷款的。这在新加坡乃至全世界的海外中资企业中尚属首例。这是中航油实力和信誉的体现。

雷普卡在签字仪式致辞中也表示，这虽是中航油首次在国际市场上大规模融资，但市场反应十分热烈，该公司获得的贷款金额由原来的1亿美元增加到1.6亿美元，这标志着贷方对中航油的未来发展很有信心。

目前，在新加坡的中资企业数量已达200多家，上市公司21家。中航油于2001年12月6日正式在新加坡交易所主板上市。由于中航油在国际石油贸易和航油采购方面所取得的巨大成绩，新加坡政府特授予其"全球贸易商计划"成员资格，并因此给予该公司优惠的税收待遇。

案例回放2

中国航油与法国兴业亚洲等签署1.6亿美元五年期的银团贷款协议

新加坡2003年7月18日——新加坡交易所主板上市公司中国航油（新加坡）股份有限公司（以下简称中国航油）今天与10家银行共同签署一项1.6亿美元可转让的贷款协议（以下简称贷款）。中国驻新加坡大使张九桓先生出席签字仪式。

安排此项贷款的主理银行为法国兴业亚洲有限公司，其他银行包括：中国光大银行、工商银行上海市分行、招商银行、北京银行、北德意志州银行新加坡分行、上海浦东发展银行、法国兴业亚洲有限公司/法国兴业新加坡分行、法国外贸银行新加坡分行、中国交通银行上海分行和新加坡大华银行上海分行。

中国航油决定此项银团贷款主要基于以下三个原因。

第一个原因是，当时贷款利率处于较低的水平。除银行总体利率较低外，中国航油的借贷利率也仅为伦敦银行同业拆借利率（LIBOR）加上 80 个基点。此次贷款无须任何抵押、担保，也不需母公司提供安慰函。当时的有效贷款利率仅为 2% 左右，考虑到全球经济正在复苏，这个利率非常具有吸引力。

第二个原因是，这项贷款符合中国航油最佳的资金管理的目标。中国航油理想的资本结构是应该使用一定比例的银行贷款。然而，此前从时机、安全方面考虑，中国航油对本身的资本结构采取保守的做法，并没有任何长期贷款。经过长期、仔细地分析之后，从战略需要的角度出发，中国航油认为当时时机已经成熟，应该达到一定的借贷水平，以优化公司的资本结构。即使该笔贷款一次性提取，公司的负债比例仍能保持在合理的水平之内。

第三个原因是，中国航油拥有投资机会。当时，该公司考虑到可能选择在美国、中国和亚细安国家进行实业投资。

中国航油有三项主要业务：石油实业投资、国际石油贸易、中国进口航油采购。在实业投资方面，中国航油拥有西班牙最大的石油设施公司 CLH - 公司 5% 的股权，拥有董事会席位，与各持相同股份的壳牌、BP 等国际知名的跨国公司共同对该公司实施有效的管理；中国航油还收购上海浦东国际机场航空油料有限责任公司 33% 的股权，成为该公司的第二大股东，拥有中国第二大机场的航油设施经营权和航油供应权。中国航油的实业投资回报已占公司总税前利润的六成以上。

该贷款的利率为 3 个月或 6 个月的伦敦银行同业拆借率（LIBOR）加上 80 个基点。当时银行 6 个月的 LIBOR 为 1.13%。如果一次性地借出全额，每年的利息为 308 万美元。

上述分析尚未考虑使用贷款所带来的收益。贷款的一部分或全部可能用于投资一个或几个项目。如上所述，这些项目的盈利能力仍是一个重要的考量因素。

在决定是否借贷这笔款项时，公司对该笔贷款的偿还能力进行仔细的分析，认为有能力按要求分期偿付这笔贷款。公司打算用公司的业务盈利，包括新项目的盈利，来偿付利息和本金。公司的现有业务包括实业投资、国际石油贸易和中国进口航油采购业务。

陈先生说："目前，中国航油正在洽谈的投资项目分别在美洲、亚洲地区和中国。我们选择投资项目的标准是：第一，必须是与石油行业有关的项目；第二，必须与公司现有的主要业务相互补充，产生综合效益，稳固和拓展石油实业投资、国际石油贸易和中国进口航油采购'三足鼎立'的发展战略；第三，项目的价格必须合适。三点要求都必须达到，我们不会急于求成，而是要重视项目的质量。"

中国航油董事长莢长斌先生说："我们很自豪公司策略的几个方面配合得很好。中国航油近年来成功转型。第一次是由一个小的船务经纪公司转型为以航油采购为主的贸易公司；第二次是从贸易公司转型成工贸结合型、实业与贸易互补性的跨国实体企业。虽然中国航油步入快速发展的轨道，但在投资项目的选择上仍审慎从事。这笔贷款提高公司的谈判力，并提高为公司进一步增加股东价值的可能性。我衷心感谢这十家授信银行，尤其是法国兴业亚洲有限公司，对中国航油的支持。"

法国兴业亚洲有限公司副总裁 Francis Repka 先生说："这是中国航油的首次银团贷款，我们很高兴许多国际性银行给予大力支持。这有力地证明中国航油已经成为在海外中资企业的佼佼者。"

案例回放3

牵头银行出事前金蝉脱壳　中航油银团另立牵头人

在贷给中国航油（新加坡）股份有限公司［以下简称中航油（新加坡）］1.6亿美元的银团中，牵头行法国兴业银行亚洲有限公司（以下简称法国兴业亚洲）的贷款已经转让一空。目前在总共1.6亿美元的贷款中，国内中资银行的贷款将近七八成，为更好地维护权益，涉及中航油贷款的国内银行在上周迅速成立以工商银行上海分行为首的联络小组，对1.6亿美元的债权采取共同行动。法国兴业亚洲表"遗憾"。

该人士透露，虽然法国兴业亚洲是银团贷款的牵头人，但因为给予中航油（新加坡）的银团贷款属于可转让银团贷款，因此，法国兴业亚洲在中航油出事前就已将其贷款转让完毕，对于其他银行的贷款目前仅存道义上的代理义务。法国兴业亚洲在上周的会议上也表达对于"中航油贷款事件"的遗憾之情，鉴于其牵头行的地位，法国兴业亚洲表示，"将全力履行好牵头行的职责，在文本协议范围内尽其所能帮助银团成员追讨贷款"。

为更好地维护自己的债权利益，包括中国光大银行、华信银行上海分行、中国招商银行、北京市商业银行、上海浦东发展银行、中国交通银行上海分行在内的国内商业银行成立以工商银行上海分行为首的联络小组，准备共同采取行动，涉及银团贷款的法律问题将统一由银团律师执行。

据悉，该银团贷款发起初，作为牵头行的法国兴业亚洲一家家找到国内中资银行进行协商，开出中航油（新加坡）的贷款条件，各大银行则开具相应的贷款承诺书，最后按照各自约定的份额组成 1.6 亿美元的银团贷款，随后银团成员和中航油（新加坡）于 2003 年 7 月签订 1.6 亿美元的可转让贷款协议。

按照签订的贷款协议，中航油（新加坡）拟将这些贷款用于包括上海浦东国际机场航空油料公司 33% 股权在内的实业投资，不过当时中航油并未动用这些贷款额度，仅用自有资金就完成投资。直到 2004 年 6 月，中航油才开始陆续动用 1.6 亿美元的贷款额度。

上述人士说，这笔贷款当初来看一点问题都没有，中航油为新加坡上市公司中的明星企业，又有航油进口垄断权，财务报表也非常符合条件，信用等级甚至达到 AAA 级。然而中航油（新加坡）开展的石油衍生品交易业务违规越权炒作，形成巨额亏损。

而作为牵头行的法国兴业银行亚洲有限公司在此之前就已将其贷款转让一空，致使该银团贷款的其他参与行承担了全部的风险。

【点评】

　　该案例教训惨痛，中国的商业银行以为是外资知名商业银行组织的银团贷款就放心参加，而境外的外资银行尤其是牵头行非常了解借款人的情况，一旦发现借款人任何的风险兆头，第一时间跑路。所以，中资银行参与银团贷款的时候要非常留心，要仔细审阅合同的条款，务必控制风险。始终牢记最关键一条，牵头行任何时候都要持有不低于 20% 的贷款份额。

小贴士

什么是信贷风险，信贷风险就是违约的概率。风险大，意味着违约概率大。风险小，意味着违约概率小。做所有的信贷项目，总是存在违约的可能性，不能完全避免，但是却可以通过精确的计算，得出可能的损失率，只要在银行的承受限度内，就可以做。商业银行信贷可通过"收益覆盖损失，担保覆盖风险"。

第二节　银团贷款价格组成

在国际银团贷款中，借款人除支付贷款利息以外，还要承担一些费用，如承诺费、管理费、代理费、安排费等，这是银团贷款参加行的重要收入来源。

（1）承诺费（commitment fee），也称为承担费，大约在0.5%。借款人在用款期间，对已用金额要支付利息，未提用部分支付费用。因为银行要准备出一定的资金以备借款人的提款，所以借款人应按未提贷款金额向贷款人支付承诺费，以弥补银行丧失的资金机会成本。

（2）管理费（management fee），在0.3%~0.5%。此项费用是借款人向组织银团的牵头行支付的。由于牵头行负责联络组织银团、起草法律文件、与借款人谈判等，所以要额外收取一笔贷款管理费，作为提供附加服务的补偿。

（3）代理费（agent fee），大约在0.1%，是借款人向代理行支付的报酬，作为对代理行在整个贷款期间管理贷款、计算利息、调拨款项等工作的补偿。

（4）结算流水，借款人必须承诺将主要的结算流水平均分配给各家参加行，对于参加行而言，获得稳定的存款也是参与银团贷款的重要考量指标。银团贷款对应的项目非常庞大，采购支出巨大，而项目一旦投产，产生的现金流非常可观，这类项目必须控制结算流水。同时，控制结算流水还是风险控制的重要手段，通过监控借款人的结算流水，还可以有效监控借款人的经营情况，防范风险。

各家银行在组织银团贷款设计以上收费项目的时候，要通盘考虑借款人的实力、市场竞争的情况，合理设计收费项目。

小贴士

银行向企业提供授信时，应当首先判断企业是否有偿债能力，抵押和担保仅是一种控制手段，让企业做事有底线，不会轻易违约，控制企业的道德风险。

第四章　银团贷款的操作流程

银团贷款的流程大致可分为获取委托、银团筹组和协议执行阶段（亦称代理行跟进阶段），包含发起、设计、委托、分销、额度分配、文本确定、签约、放款和贷后管理各个环节。本章将详细介绍银团贷款业务的操作流程。

第一节　银团贷款操作流程概述

银团贷款操作各环节衔接紧密，按时间顺序大体可分为以下三个阶段的若干步骤（如图 4－1 所示）。

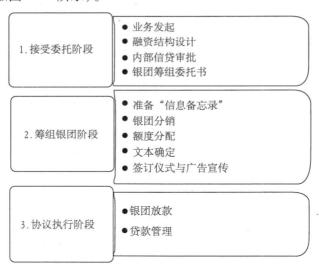

图 4－1　银团贷款业务流程

一、接受委托阶段

这一阶段银行主要工作是根据客户需求制订并完善相关融资建议，获得借款人委托。具体内容包括：

（1）业务发起。根据借款人或项目的具体背景确立市场营销目标，进行贷款的分析和评估，争取业务机会。通常银团贷款都是利润率较高的信贷业务，需要大力争取。

（2）融资结构设计。作为项目发起的一部分，银行要与借款人进行充分沟通，根据借款人需求和项目特点，量身设计既符合借款人需求，又能被市场接受的融资结构和条件。银团贷款不是标准化的流动资金贷款和项目贷款，而是很个性化的项目融资。

（3）内部信贷审批。作为潜在委托安排行，要完成内部的信贷审批。

（4）获得借款人委托安排。银行经过充分的准备，争取借款人的银团筹组委托书。

二、筹组银团阶段

（1）准备"信息备忘录"。一旦获得借款人的书面委托，委托安排行要尽快组织力量收集信息，编写项目"信息备忘录"。

（2）银团分销。通过向有兴趣参加银团的银行分发"信息备忘录"，进行市场推介，介绍借款人背景、融资项目和主要融资条件、银团筹组策略、融资结构等。

（3）额度分配。根据银团额度的分配原则和银行的承销意愿，按不同比例对各家银行包销金额进行分配，即最终分配（final allocation）。

（4）文本确定。起草贷款协议、担保文件和银团贷款的相关协议，通过与各方面谈判、磋商、讨论确认协议。

三、协议执行阶段

该阶段主要包括银团放款与贷款管理。代理行审查借款人是否满足提款前提条件，建立操作档案等，担保权益代理行代表银团保存担保权益文件。代理行向参加行提交提款通知书，如有需要随时组织召开银团会议、收集整理借款人财务信息和其他信息。

第二节　发起银团贷款

一些贷款项目金额大、期限长，根据风险管理要求和资本约束的规定，需要筹组银团。随着经济活动的扩大，一些保函、信用证等结算产品或押汇、打包贷款等贸易融资产品也开始尝试银团贷款的方式。

一、牵头行对借款人进行信贷风险评估

为竞争获得银团贷款安排委托书，牵头银行设计周密的银团贷款融资结构是重要环节。为此，需要详细了解借款人的情况和项目的背景，并对银团贷款风险作出评估。

首先，银行需要了解和评估借款人的信用状况、借款人的经营能力、所属行业的发展前景、在行业中的竞争优势、管理团队经营管理水平、企业财务状况、资信情况和业务实力等，借款人是否能与银行建立稳定良好的合作关系，是否为本行重点支持对象等。

其次，银行要对银团需要融资项目背景情况作深入的研究和评估，包括项目是否为借款人的核心业务所在，该项目在市场是否有影响力，项目发展前景、盈利前景、风险状况如何，相关资产可否进行抵押担保，项目的融资需求特点等。

在向客户提交融资建议书之前，银行需要对授信风险和分销风险进行初步的评估。一般来讲，牵头银行为充分保护自己，应出具不具法律约束力的融资建议书，通常以尽最大努力的方式筹组银团。

有时客户要求牵头银行必须以全额包销方式筹组银团贷款，只有在进行授信风险和组团风险的评审并获得审批后再对外出具具有包销承诺的融资建议书。银行要充分了解自己所承担的组团兜底风险，一定要避免为竞争而出具脱离市场接受水平的报价，造成无法组团而独立承接项目的情况出现。尤其是在本行的信贷规模非常紧张的时候，如果被动接受银团贷款的全部份额，无疑雪上加霜。

二、设计银团贷款结构

银行根据借款人的财务现状、项目背景和融资需求制订贴切的融资方案，通过产品结构化设计提升产品价值，对满足客户的融资需求非常重要。设计融资结构的重点考虑因素包括借款人情况（详细介绍借款人股东、实力、经

营情况等）、项目背景（详细介绍借款项目的背景、运行准备情况）、期限结构安排（详细介绍借款项目的期限、提款期限、还款期限）、品种结构安排（详细介绍项目中包括的贷款、保函、票据等组成）、风险缓释安排（详细介绍项目中担保和抵押安排）、借款用途分析（详细介绍项目的用款计划、支付的确定收款单位）、财务指标设定（详细介绍对借款人在融资期限内各项财务指标约束）、还款来源分析（详细描述本次银团贷款的还款来源）。

三、同业市场询价

在正式发出银团贷款邀请文件前，牵头银行需要对银团贷款市场同业的风险偏好和收益偏好进行询价，做到心中有数，测试项目的成功率，融资结构和融资条件能否被市场所接受，这是检验银团贷款筹组是否成功的关键要素。因此，在必要的情况下安排行要首先做好市场询价，确保所设计的银团贷款融资被市场所接受，使得银团贷款能够组建成功。

市场询价可以在获得借款人委托书之前或之后进行，通常是以电话的形式或专门走访的形式，联系市场上一些具有代表性或有较好合作关系的银行，探询它们对客户的看法、对银团贷款条款和条件的看法，从而判断成功的可能性到底有多大，并将结果反馈给借款人。这样安排行便可利用市场测试的结果作为与借款人谈判依据，争取到一份较为符合客观实际的委托书，提高该笔银团贷款成功的可能性。

如果借款人非常有实力，在市场上有极大的影响力和知名度，且有以往的类似经验，贷款结构简单，而且风险缓释手段牢靠，那么市场询价并非重要。例如中国石油天然气集团、中国移动通信集团、国家电网公司等极为出名的公司组建的银团贷款，一些实力极强的地方政府组织的铁路、地铁、公路、城市管网等项目，政府会出具融资安慰函，这类项目一般都非常容易组建银团，各家银行应当争取担当牵头行。尤其是一些地方政府组织的银团贷款项目，由于地方政府会配套提供财政资金存款，参与的银行收益极为丰厚，而且可以和地方政府搞好关系，所以，非常值得参加。

反之，如果借款人属于民营企业，而且是第一次贷款，金额大，结构复杂，甚至借款人所提出的条件与现行市场存在一定的距离，则市场询价工作不可或缺。

市场询价应当通过秘密方式进行，主要防止商业秘密过早地泄露到市场，出现"跳单"，造成不必要的麻烦，有碍筹组的顺利进行。

四、准备贷款条件清单

贷款的条件清单是全面反映融资结构的基础文件，制作贷款条件清单力求准确、全面和清晰，使借贷双方、银团成员、融资律师都能对融资条件有准确的理解，否则会给后期融资谈判和银团筹组造成不必要的麻烦。贷款条件清单通常是融资建议书的主要组成部分，可为将来融资协议的起草确立初步框架。

根据不同项目情况，融资条件和结构千差万别，银团贷款业务人员应注意，针对不同的案例会有不同的条款，但有一些条款在贷款条件清单里可以作为通用条款使用。针对不同的融资条件和融资结构，银行在制作条件清单时还要注意将保护银行的条款加到条件清单里面去。条款所涉及的内容主要有：借款人，银行（牵头银行），贷款货币、金额，贷款用途，贷款期限，贷款产品类型，提款、还款的方式，担保人，担保物（抵/质押），提款前提条件，贷款利率，安排费率，承担费率，代理行费率，违约利率，杂费等。

由于组建银团有着很多不确定因素，因此牵头银行与委托人签订的委托协议中应加入市场情况变化应对条款以对银行的利益进行保护，市场变动条款通常如此：委托安排行可以在有利于银团成功筹组的情况下，合理地改变融资结构、期限和价格，如果借款人和委托安排行之间无法达成一致意见，委托安排行保留解除委托责任并退出融资的权利。

小贴士

给企业贷款前要做好测算，首先测算企业的偿债能力，其次，测算企业的经营需要的融资总量。银行提供融资一不能超过企业的偿债能力，二不能超过企业经营需要的融资总量，超过企业的偿债能力，企业可能会违约，超过企业经营需要的融资总量，企业可能会挪用信贷资金，这两种行为，风险都极大。

第三节　出具融资建议书

融资建议书是银行向借款人发出的争取委托书的投标文件，也可视为一种报价、一种要约。融资建议书是银团贷款发起的意向表达，是商业银行竞争银团贷款的重要工具，类似于我们提供给客户的金融服务方案书。

一、贷款条件

贷款条件一般以条件清单的方式列出，主要包括借款人、贷款币种、贷款金额、贷款用途、贷款期限、担保方式、贷款利率、提款期限、还款期限、费用、提前还款及管辖等内容。

二、收费条件

根据银监会2007年发布的《银团贷款业务指引》第六章的规定，国内银行办理银团贷款可以向借款人收取相关费用。融资建议书要列出银团筹组过程中或完成后将收取的安排费、参加费、包销/承销费、承诺费、代理费、中介费等。

银行收取的安排费、参加费、包销/承销费等通常以前端费形式按贷款额的百分比一次性计收。费率根据当时的金融市场环境、客户信用、操作的难易程度确定。代理费是对代理行承担整个银团的资金管理、账户管理、工作协调等工作给予的报酬，根据代理行的工作量按年支付。中介费用包括但不限于向律师事务所、保险机构等支付的费用，原则上由借款人在银团费用外根据实际支出另行支付。

由于银团贷款除息差外一般还会收取一部分费用，参加行可以通过参加银团贷款获得一定的前端费收入，以提高综合收益。因此，在融资建议书中制订收费条件时，需要将利息和费用水平结合起来，综合计算借款人的融资成本，并在综合收益中的利率和费用水平之间进行合理分配。在一笔银团贷款的筹组过程中，牵头行对借款人收取费用的多少、高低是其市场经验和专业能力的综合表现之一。

银团贷款年综合收益＝利息收入－利息支出＋前端费/贷款平均年限

三、承销/组团方式

银团贷款可以有三种承销方式。

（一）全额包销

从借款人的角度当然希望牵头行包销全部贷款份额，牵头行如果完全包销贷款将承担巨大的兜底风险，可能所有的贷款份额都被自己兜底。因此，牵头行通常是在掌握贷款的各种条件，并对组团成功有十足把握的情况下才肯承诺完全包销。如果贷款金额确实巨大，通常的做法是选择几家共同安排行包销贷款。

（二）部分包销

如果牵头行难以把握或不愿承担过重的包销责任，或通过行内风险审批的压力较大，可向借款人建议采用部分包销的方式，即牵头行只包销总金额中的一部分。建议参与银团贷款的银行一定要建立俱乐部，大家彼此照应。这次，我参加你的，替你包销。下次，一定要投桃报李。

（三）尽最大努力

安排行还可与借款人协商采用"尽最大努力"的方式筹组银团，也就是安排行不承担任何包销责任，但会竭尽全力为借款人安排该笔贷款。安排行通常会尽力筹组银团贷款，因为银团筹组的成败关乎着安排行市场声誉，并影响着其与客户之间的关系。从实践中看，市场最常见的是这种方式。

安排行的包销承诺仅限于银团筹组阶段，其包销承诺到银团完成最后份额分配并签署贷款协议时即告结束。在日后银团的提款与管理过程中，安排行与其他成员行一样，仅按照自己所持贷款比例承担相应承诺责任，并不再对任何其他银行的份额承担义务。

四、其他内容

在融资建议书中，一般银行会列举本行的优势和以往叙做大型银团贷款项目的经验，有助于为争取客户委托增加筹码，内容可以包括在银团贷款市场的品牌优势、以往筹组大型银团项目列表、本行的专业团队、自己建立的分销网络、项目执行的保障能力等。为提高竞争力，也可列举本行具备为客户提供其他配套服务的优势，如财务顾问、现金管理、组合融资、项目咨询等。

安排行为维护自身权益，通常会通过增加市场变化等条款，限制借款人的某些融资行为或增加自身筹组的灵活性。在"市场条款"中，安排行和借款人通常会约定从牵头行接到借款人委任函到融资完成签约期间，以及借款人和担保人保证不会通过发起筹组其他融资、私募，或安排行认为会对该笔银团贷款筹组产生不利影响的其他一些融资。这一条款对于保护安排行并确保有效筹组银团意义重大。

小贴士

授信不产生价值，只有用信才会产生价值和回报。授信与风险控制有关，在测算企业的偿债能力的前提下，通过企业提供合理的抵押和担保来控制风险；用信是在销售银行的信贷产品，企业使用银行的信贷产品用于经营需要，信贷产品在使用中创造价值和回报。

第四节 委 托

借款人对各银行提交的银团贷款融资建议书进行综合分析比较后，选择其中条件最适合的银行作为合作银行，并出具银团贷款委托书，以保证银团贷款资金筹组工作效率。

一、委托书主要内容

（一）借款人接受发起银行的贷款条件

委托书中可表述为：本公司同意接受贵行提出的贷款条件，并在此委托贵行作为牵头行，组织总额为［币种/金额］的银团贷款。

（二）分销银行的责任

银团贷款项目一般金额较大，借款人为确保资金的落实，在委托书中需对牵头行筹集银团贷款的分销方式进行明确，在银团贷款的操作实践中，总结为以下三种方式。

1. 牵头行全额承销方式

该分销方式下，各参与行承诺贷款之和小于银团贷款总金额，则牵头行须对差额部分进行承销，委托书中须注明"如在本银团贷款组团期间内各银行所承诺的贷款份额低于本贷款总额，请贵行就本贷款总额与各成员所承诺的贷款份额总额的差额予以承销，在此明确双方的责任"等。

2. 牵头行余额包销方式

该分销方式下，借款人通常要求设定一个基准承诺额，牵头行对基准承诺额与银团总额之间差额部分进行承销，若各参与行承诺贷款之和小于基准承诺额，则可能导致银团筹组失败，但牵头行对银团筹组失败不承担任何责任。在委托书中可表述为："如在本银团贷款组团期间内各银行所承诺的贷款份额达到或高于基准承诺额，但低于本贷款总额，请贵行就本贷款总额与各成员所承诺的贷款份额总额的差额予以承销，但是，如在本银团贷款组团期间内各银行所承诺的贷款份额不足基准承诺额，则贵行有权宣布本贷款银团组团失败，且就此贵行不需承担任何责任。"

3. 牵头行尽最大努力推销方式

该分销方式下，牵头行按照银团贷款筹组程序开展工作后，努力促成该银团贷款，但对于各参与行实际承诺不足造成银团贷款失败不承担任何责任。在委托书中可表述为："请贵行尽善意努力安排本银团贷款，选择合适的银行（包括贵行在内）承担贷款，但是，如在本银团贷款组团期间内各银行所承诺的贷款份额低于本贷款总额，则贵行有权宣布本贷款银团组团失败，且就此贵行不需承担任何责任。"

二、借款人对牵头行的授权

为保证银团贷款筹组工作的有序进行，借款人在委托书中可对牵头行开展以下相关工作进行授权。

①选择银团的副牵头行、代理行和参加行，并决定其在贷款银团内部的

分工；

②制定贷款银团的筹组策略，安排贷款日程；

③根据借款人提供的资料，代表客户编制信息备忘录，准备及起草贷款合同等有关文件，组织贷款合同及其他相关文件的签字仪式。

三、市场排他条款

由于借款人对委托行出具的银团贷款委托书具有排他性，即借款人不能再对委托行以外的其他银行出具同样格式和条款的委托书，在委托书中要列明市场排他条款。在委托书中可表述为："本公司在此承诺，自本委托书出具之日起至［日期］，本公司将不就本贷款委托其他金融机构进行债务筹资。"通过这种方式，保护牵头行的利益。毕竟，牵头行承担了巨大的工作量。

小贴士

做信贷是一种信任客户的行为，所以，无论客户贷款，开立银行承兑汇票，还是给别人担保，都是建立在相信对方能够承担这笔信贷，能够不辜负银行的信任，按承诺履约基础上的。

第五节 包销与分销

一、邀请包销行

（一）拟订初步邀请名单

银团组织结构与牵头行风险承受能力和银团金额的大小有关。其实，一个银团贷款不一定邀请太多的银行，关键是能否邀请到有实力的银行，或者是热衷于这个行业的银行，如是一般可以保证成功。

操作跨国外资公司的石化、港口、汽车等项目，可以多邀请跨国公司所在地的外资银行的中国境内分行，例如如果是壳牌石油，就可以邀请荷兰和法国的银行，如果是 GE 项目，就可以多邀请花旗银行、美国银行等美资银行。操作房地产公司，可以多邀请香港的外资银行。

银团贷款如属包销，牵头行或牵头行小组要全部包销银团贷款。为此，要邀请其他银行承担分销责任。如没有足够的参加行参加该银团，包销行要全部承担剩下的余额。

在确定是否邀请某银行作为包销行时，通常要考虑以下因素：

（1）该银行是否为借款人指定或建议的银行，有的银行与借款人有良好的业务往来关系，为此特请借款人向牵头行建议，邀请该行参加。

（2）被邀请的银行是否有充足的包销和分销能力，通常要求是实力较强的银行。

（二）召开银行会议

经理团会议是安排行与各个经理团成员一起共同商讨、确立筹组银团贷款策略的一次集会，也是体现、实施、修正安排计划的场合，是统一认识、集体决议的行为。经理团会议的参加人数视银团规模大小、经理团成员多少而定，被邀请的银行包括安排行、牵头行、经理行及副经理行，但有时只邀请包销行参加，不包括副经理行。

（三）包销费的分配

根据银团贷款的惯例，管理费可分成三部分。第一部分是牵头安排费，这是对安排行或主牵头行组织银团为促使银团成功所付出的人力和技能的报酬；第二部分是包销费，是对包销行和分销行承销贷款所承担风险的回报，通常是分配给承担包销责任的安排行、主牵头行、牵头行小组成员或有分销任务的经理行；第三部分是参加费，凡是参加该银团贷款的成员行不论是哪个层次的，原则上均可分得参加费。

二、编写信息备忘录

信息备忘录是有关借款人经济、财务、组织结构等方面内容及有关项目评估方面的基本资料，通常由安排行以借款人名义编制并分发给潜在参加行。信息备忘录的信息来源全部由借款人提供，而安排行作为资料的整理及传送者在编制信息备忘录的过程中，不会对该资料的准确性及完整性进行核实，避免对任何资料进行任何主观评论。

（一）信息备忘录的结构

信息备忘录的完整结构应包括封面、免责声明、授权书、银团时间表、联系人名单、目录、正文、附录。

（二）信息备忘录需要注意的要点

1. 牵头银行免责声明

为防止信息备忘录可能引起法律责任，安排行常在第一页提出免责声明，主要包含以下内容。

"信息备忘录中所包含的信息根据借款人提供的信息资料汇编而成。借款人已采取必要的措施，保证信息备忘录中的信息在所有重要方面是真实的、准确的。信息备忘录中的所有估计和预测，是借款人根据最近历史数据及合理假设，善意地、公平地作出的；这些估计和预测很大程度上是一些主观性的分析和判断，不一定准确，且没有经过独立第三方的验证。信息备忘录不会对今后的信息进行任何更新，使用者不应认为信息备忘录中的信息会保持不变、永远完整或正确。信息备忘录中的内容和附件不构成对借款人或其分支机构未来表现的承诺。信息备忘录对相关文件及协议的陈述以概要形式体现，这些概要都将以其最终完整版本为准。

"安排行并未对信息备忘录中的信息进行核实。因此，安排行及其附属机构没有对信息的真实性、完整性作出任何声明或保证，安排行及其附属机构对信息备忘录中的信息不承担任何责任或义务，如果有进一步的信息，安排行没有义务提供补充信息或对资料备忘录进行更新或补充。

"信息备忘录对银团贷款融资条件的描述是概要性的，融资条件应以在最终贷款协议中的完整版本为准。

"信息备忘录目的是帮助使用者对是否参加银团贷款进行独立评估。使用者不应以此作为授信风险决策或评估的依据，也不应将信息备忘录看做委托安排行对银团贷款的推荐。每个潜在参加银行都应对银团贷款进行独立的调查及分析，并根据其认为必要的调查，决定是否参加银团贷款。"

2. 借款人的授权书

信息备忘录中涉及借款人公开或未公开的各种信息，安排行向潜在参加行分发需要获得借款人的授权书。主要内容如下。

"我公司积极参与本次银团贷款信息备忘录及相关资料的撰写工作，并对最终版本进行检查及验证。我公司同意在银团筹组期间将信息备忘录向经认可的金融机构发布。"

3. 正文

信息备忘录的正文根据具体项目情况进行安排，一般要求包括以下几个主要方面内容。

①交易概要；

②交易结构和主要条款；

③公司概况；

④借款人的法律地位及概况、公司或项目的概况及市场分析等；

⑤行业概况；

⑥担保人/担保物介绍；

⑦关于担保人的介绍主要包括法律地位、法定代表人概况、财务状况、担保方式等；

⑧关于担保物的介绍主要包括担保物的名称及概况描述、权属情况、价值估算、位置等；

⑨历史财务信息；

⑩牵头行根据借款人提供的前三年经会计师事务所审计的财务报表，列明上述财务报表中的主要情况；

⑪另外，应将有关财务比率，如流动比率、存货周转率、销售利润率、资本利润率、资产负债率等列表说明，安排行应避免对任何资料进行任何主观评论；

⑫财务预测。

4. 附录

有关借款人担保人/担保物等相关证明文件作为信息备忘录的附件，如借款人、担保人成立的批准文件、营业执照、借款人/担保人公司的合同章程、近三年的财务报表、相关项目立项及批复文件、借款人自筹资金到位情况证明、担保人同意提供担保的承诺等。

三、分销

（一）确定参加行费率

在一笔银团贷款的筹组过程中，委托安排行对借款人收取费用的多少、高低是其市场经验和专业能力的综合体现。这需要委托安排行具有十分丰富的工作经验、高超的专业素质，还需要对市场不断地跟踪了解，体察市场的细微变化和发展趋势，培养良好的"市场感觉"。

在银团贷款中，借款人除向银行支付各项杂费外，还要一次性支付一笔管理费，委托安排行根据参加行各自的承诺以四种形式对该管理费进行分配。它们是：安排费或牵头费（委托安排行成功组建银团收取的费用，按银团贷款总额的一定比例一次性收取）、包销费（银行因提供贷款份额的包销承诺而收取的费用，按承销金额的一定比例一次性收取）、参加费（各参加行按参与贷款份额的一定比例一次性收取）、剩余金额（归委托安排行所有）。

（二）确定邀请名单

选择邀请的银行时，普遍采用的选择标准是：

（1）借款人的主要往来银行（可能是借款人指定邀请其参加）；

（2）被认定有兴趣与借款人建立业务关系的银行；

（3）从市场获知银团贷款的筹组而主动要求参与的银行；

（4）对某行业市场特别感兴趣，或活跃于该融资市场的银行（如一些银行专注于能源、基础设施等）。

（三）发出邀请函

经过前期的筹备工作后，安排行以电子邮件或传真形式向拟邀请的银行发出正式邀请函。邀请函的内容大致如下。

（1）保密承诺函。

（2）主要条件及情况，应包括如下各点：①借款人；②贷款金额；③贷款期限。

（3）参加费分配。列出已厘定的参加行费率表，将银行地位、贷款承诺额与费率一一对应。

（4）银团筹组时间表。

（5）信息公开。应确保银团的所有信息披露和新闻发布都必须通过委托安排行的同意。在银团的所有信息披露中，各参加行排在委托安排行之后，按最终承贷金额等级及机构英文全称的首字母排序。

（6）贷款承诺时限。

（7）保密条款。

（8）安排行联系人信息。

（9）附录，包括银团贷款参贷承诺函。

在潜在参加行承诺执行"保密协议"并将经签署的"保密协议"发送安排行后，安排行会向该行发出该银团的信息备忘录。

小贴士

所谓大担保范畴，其实就是风险抓手，能够让债权得到保全、能够让借款人做事有所顾忌的手段都可以称为担保，抵押、质押、保证、追索权、回购、付款承诺等都可以称为担保手段。企业因为有所顾忌，害怕被惩罚，所以会对银行诚信。

小贴士

采取双边业务方式吸收存款，银行给企业提供融资或融信支持，企业给银行回报存款，这是银企双赢之举。千万不要做单边存款业务、单边资产业务。单边存款业务，仅靠人情和关系维护，合作很难持久，同时存款成本极高。单边资产业务，银行提供信贷支持，企业不给任何的存款和结算流水。单边资产业务，蕴涵了巨大的潜在风险，同时是银行信贷规模的巨大浪费。双边存款业务，以资产业务拉动存款业务，银企彼此为商业伙伴，给对方需要的商业利益，实现商业利益的协同和共赢，这是商业银行的长久发展之计。

第六节　银团贷款审批

银团贷款审查、审批要点如下。

1. 按照"独立审批、自主决策、风险自担"的原则自主确定授信行为各成员行应按程序尽职审查、审批，根据项目审批结果，提出是否筹组或参加银团贷款的审批意见。特别是作为参加行，可参考牵头行评审意见，但不可一味依赖牵头行前期评审结论。

2. 合规性审查

银团贷款主要文件包括银团贷款邀请函、随附贷款条件清单、接受邀请格式、信息备忘录、保密声明、银团贷款协议等。在授信审批阶段申报行应至少提供总行同意参团的书面备案意见，牵头行发出的参团邀请函，经借款人及担保人签署的"对信息备忘录所载内容的真实性、完整性负责"声明的贷款信息备忘录，贷款条件清单等。

3. 信用风险审查

（1）银团贷款业务必须遵守国家法律法规，符合国家产业政策。鉴于银团贷款一般期限较长，应注重对趋势分析的审查，包括对市场等外部环境的趋势变化以及公司未来主要财务指标/财务杠杆的趋势变化情况进行审查，注意防范集团客户内部关联交易及关联方之间相互担保的风险。

（2）根据银团贷款信息备忘录的内容，在全面掌握借款人相关信息的基础上作出是否参加银团贷款的决策。当备忘录信息不足以满足潜在银团贷款参加行的审批要求时，可要求牵头行追加提供相关信息或提出相关工作建议乃至直接进行相关调查。

4. 银团发起背景审查

（1）审查牵头行和其他参加行是否存在与借款人的利益关系，特别是是否存在沉没贷款和投资。

（2）如果是二手受让的银团贷款，必须审查转让的原因，特别审慎地对待出让银行基于对某些项目的授信风险判断发生变化而出让的项目。如有可能，应同时参考主要评级机构对授信主体以及授信项目评级情况的变化，如果评级越来越低，则应更加审慎。

（3）如果是再融资银团贷款，必须审查再融资的原因，根据再融资条件综合评估授信主体以及授信项目风险状况。

（4）对牵头行承诺份额进行审查，《银团贷款业务指引》要求单家银行担任牵头行时，其承贷份额原则上不低于银团融资总金额的20%，分销给其他银团贷款成员的份额原则上不低于50%。如单家银行担任牵头行时承贷份额低于银团融资总金额的20%，银行原则上不参加该银团。

5. 银团组织管理审查

（1）对牵头行、代理行资质的审查应主要侧重于其历史记录如何，是否存在不诚信案例，牵头行的项目评审能力，代理行贷后管理的能力等。一般应选择在同业知名度高、经验丰富、实力雄厚、较有影响力的牵头行和代理行。

（2）对参加行的审查主要侧重于参加行名单以及承诺情况、参加行独立的评估报告等。

6. 银行资金承受能力和综合收益情况审查

（1）银行作为参加行时，应从授信方案是否满足银团要求、额度分销比例是否符合监管机构要求等方面判断授信申请是否构成银团贷款。

（2）考虑行业组合限额、监管限额以及银行资金头寸承受能力。

（3）综合考虑管理费、承诺费、转让费以及中断费用等，按照贷款年限折算成年均的综合收益，评价银行的综合收益水平，作为贷款决策的重要条件之一予以充分考虑。

7. 完善审批批复，实行二次审批，规避银团筹组中的不确定性因素对信用风险的影响。

（1）鉴于银团贷款审批是银团筹组中的前期环节，诸多环节尚未完成，不确定因素较多，因此审批批复中应对备忘录中未明确的如项目超概算、股东分红、建设期担保、资本金到位等方面的落实情况以及银团筹组成功等作为前提条件进行约束，但一般不应对备忘录中所提贷款条件作出颠覆性修改。同时为避免出现违反我国法律法规和银行利益的问题，应在审批批复中要求，银团贷款协议签订前由银行法律人员对合同文本进行严格审查，银行具体贷款条件不低于××行出具的《××项目银团贷款信息备忘录》中所列条件。

（2）银团筹组成功前，银行批复仅是回复牵头行邀请，确定是否承诺同意参加银团的依据。若银团筹组成功，相关协议签订后，具体贷款条件落实和合同协议须经分行风险总监（无风险总监为分管对公行长）审批同意后方可启用授信额度。

第七节　放款与贷后管理

一、提款前提条件的审核与满足

银团贷款准备工作中牵头行和参加行都付出巨大，而借款人有时候因为自身原因，会延缓甚至放弃提款。这时候，对牵头行和参加行都意味着损失巨大。

贷款协议签署后，贷款的所有工作就由代理行来负责，借款人可在贷款协议规定的提款期内，根据工作进度和资金需求情况向代理行申请提款。提款包括初次提款和每次提款。

初次提款是指贷款协议签字后第一笔提款，要求通常比较严格，一般规定提款期从贷款协议签字以后不超过两个月，无论什么原因，只要在规定的提款期内不提款，则视为主动放弃全部贷款，贷款协议自动失效，有时借款人还须赔偿银行的损失。除期限的规定以外，通常对于第一次提款还款规定一系列条件，这也是银团贷款协议的一个十分重要的组成部分。

首次提款的先决条件可以根据不同的协议内容而有所不同，但一般涉及内容如下：

①组织和注册文件；

②公司文件和签字样本；

③财务证明；

④交易文件（包括融资文件、项目合同等）；

⑤与项目有关事宜；

⑥保险；

⑦其他。

先决条件条款中规定的所有文件资料收妥后，应全部交给律师鉴定是否是真实的、完整的和最新的，并请律师出具意见。该项工作要在第一次提款前全部完成。上述文件原稿应由代理行统一妥善保管，并指定专人负责。

每次提款是指第一次提款以后的每次提款。除第一次提款以外，以后的每次提款无须重复提交许多证明文件和批准文件等，只需要提交以下文件：

①检验师出具的借款未超过成本的证明；

②检验师出具的工程进度报告；

③检验师出具的贷款用途证明；

④借款人出具的提款通知书。

二、贷后管理

贷款的日常管理由代理行负责，代理行依照银团贷款协议约定，对贷款进行贷后管理。

在银团贷款存续期间，通常由牵头行或代理行负责召开银团会议。会议可依银团协议定期召开，或经由1/3银团贷款成员提议召开；牵头行或代理行应根据需要组织银团定期进行现场检查；贷款发放后，各参加行应根据贷款协议通过代理行向借款人催收本息，若借款人未及时偿还贷款本息，代理行应立即根据合同规定进行催收或要求代理行进行催收，并及时了解借款人未按期还款的原因。如借款人因特殊情况不能按照贷款合同约定的还款计划偿还贷款，可协助代理行采取展期、重组等方式妥善解决。

小贴士

千万不要做裸贷的客户，客户没有任何的结算流水，一笔贷款上账，立即被转走使用。此后客户、银行两不相见，客户是否另投他行，银行茫然不知。

第五章　银团贷款的风险管理

银团贷款涉及的角色较多、结构较复杂等因素，使得银团贷款也具有一些特定的风险，以及特定的风险处理机制。

第一节　银团贷款的风险及防范

在银团贷款中，各参加行共同对项目进行调查，信息共享，独立进行信贷决策，同时运用集体智慧和参与各方的经验，争取有利的贷款条件和风险防范措施，因此，银团贷款通常被认为是银行分散信贷风险的一种方式。银团贷款作为一种发生在借贷双方的以资金的让渡和增值为目的的信贷业务形式，具有同一般贷款相同的风险属性，同时作为众多银行参与的一种特殊的贷款组织方式，银团贷款又具有自身独有的一些风险特征。

一、贷款的一般风险

风险常被分为利率风险、信用风险。

（一）利率风险

在买入银团贷款后，在买入信贷资产的利率定价和卖出信贷资产的定价之间，如果买入低，卖出高，就会形成巨大的利率风险。

（二）信用风险

信用风险（credit risk）又称违约风险，一般是指借款人不能按时足额还本付息的风险。同时，对于借款人信用等级下降，借款人还款能力受到负面影响，一般也归入信用风险的范畴。

信用风险主要由两方面因素造成：其一是企业主观违约风险。其二是企业盈利情况总体恶化，借款人因各种原因不能及时足额还款的可能性增加。

银行对客户信用风险的防范措施包括第三方保证、要求借款人提供抵押或质押等。对客户信用风险的监控在贷款存续期间需要持续进行。银行除定期对客户进行贷后检查外，还要求借款人报告重大事项，并对借款人的风险突发事件采取预警等措施。

二、项目贷款中风险及防范措施

由于项目贷款常常通过银团的方式筹措资金，因此，在此类银团贷款中，还应重点考察以下风险。

（一）行业风险

行业风险是指借款人信贷资金所投向的行业下滑，使投资或生产的回报达不到预期水平的风险。一些周期性非常明显的行业，如船舶、大型设备出口、光伏等行业，在经济下滑期，经营效益较差；而在经济上升期，又是利润非常高的行业。对于存在明显周期性的行业，银行要高度重视，控制风险。对周期性较为明显的行业，必须有前期判断和预测，并做好压力测试。

（二）挪用信贷资金风险

挪用信贷资金风险是借款人未将贷款资金用在与银行约定的项目上，而是挪作他用。例如，银行对房地产、政府投资设施等项目贷款进行限制，认为风险较高，这类行业获得贷款非常困难，借款人就会借用其他理由借入贷款，将资金挪用到房地产等高利润行业。银行应当让借款人在提款前就明确列示收款人名单，银行提前分析支付资金用途与项目之间的关系。

（三）项目完工风险

项目完工风险是指因拟建项目不能按期完成建设、不能按期运营、项目建设成本超支、不能达到设计的技术经济指标（包括产量指标、质量指标、原材料指标、能耗指标等）而形成的风险。完工风险在涉及工程建设的固定资产投资项目的融资中是普遍存在的。

银行控制完工风险的措施包括：要求借款人与工程建设承包人签署联合承包合同（通常为"交钥匙工程合同"）来锁定工程完工时间、建设成本或造价、项目建设质量，以保障按期运营；银行与借款人签署完工担保协议，要求其就项目正式运营、商业完工和运营成本不超过约定标准提供担保；要求借款人在工程联合承包合同和完工担保协议中设定以高额索赔为内容的违约赔偿条款或违约持续支付条款，以使部分完工风险得到分担等。

（四）借款人财务风险

财务风险主要指因企业收益的不确定性给银行贷款安全带来的风险。严格地说，财务风险属于借款人的信用风险范畴。产生财务风险的原因既有宏观经济复杂性等外部原因，也有企业财务决策缺乏科学性等内部原因。

银行控制企业财务风险的措施包括在借款合同中要求企业重大的财务决策需征得银行的同意，借款人的财务比率满足一定要求，借款人定期报告财务状况等。

第二节　银团贷款的风险处理机制

一、风险处理机制的主体——牵头行与代理行

银团贷款与单一借款人对应单一银行的传统信贷方式在风险管理的总体要求、管理理念、操作流程等方面基本一致，但是银团贷款业务所具有的参与角色多、分工细、专业性强、操作复杂、技术含量高等特点决定其在项目评估、承销组团、法律审核、提款以及贷后管理等业务环节存在有别于传统信贷的操作风险，这就意味着对于银团牵头行以及参加银行特别是代理行的风险管理能力将提出更高的要求。

风险处理机制的组织和实施，则有赖于代理行勤勉尽职的工作。代理行在贷后管理和风险处理上居于最重要的地位。

对于银团代理行在银团中所肩负的职责，银监会作出明确的界定。根据银监会颁布的《银团贷款业务指引》，牵头行的职责主要包括：

①发起和筹组银团贷款，并分销银团贷款份额；

②对借款人进行贷前尽职调查，草拟银团贷款信息备忘录，并向潜在的参加行推荐；

③代表银团与借款人谈判，确定银团贷款条件；

④代表银团聘请相关中介机构起草银团贷款法律文本；

⑤组织银团贷款成员与借款人签订书面银团贷款协议；

⑥协助代理行进行银团贷款管理；

⑦银团协议确定的其他职责。

代理行的职责主要包括：

①审查、督促借款人落实贷款条件，并提供贷款或办理其他授信业务；

②办理银团贷款的担保抵押手续，并负责抵/质押物的日常管理工作；

③制作账户管理方案，开立专门账户管理银团贷款资金，对专户资金的变动情况进行逐笔登记；

④根据约定用款日期或借款人的用款申请，按照银团贷款协议约定的承贷份额比例，通知银团贷款成员将款项划到指定账户；

⑤划收银团贷款本息和代收相关费用，并按承贷比例和银团贷款协议约定及时划转到银团贷款成员指定的账户；

⑥负责银团贷款贷后管理和贷款使用情况的监督检查，并定期向银团贷款成员通报；

⑦密切关注借款人财务状况，特别是贷款期间发生企业并购、股权分红、对外投资、资产转让、债务重组等影响借款人还款能力的重大事项时，代理行应在获借款人通知之日起3个营业日内按银团贷款协议约定以专项报告形式通知各银团贷款成员；

⑧借款人出现违约事项时，代理行应及时组织银团贷款成员对违约贷款进行清收、保全、追偿或其他处置；

⑨组织召开银团会议，协调银团贷款成员之间的关系；

⑩接受各银团贷款成员不定期的咨询与核查，办理银团会议委托的其他事项等。

上述职责描述，基本上涵盖了贷前调查、贷时审查、贷后检查的贷款前期、中期、后期风险控制的全部内容。因此，制定完备的风险处理机制并认真加以实施，是牵头行和代理行所负职责的重要组成部分。

二、风险处理机制的建立

银团贷款的风险处理机制应当贯穿银团始终。在建立银团风险处理机制之前，首先应重点关注：

（一）牵头行完善贷前调查

银行参加一笔银团贷款，其对客户情况的了解、对贷款风险的认识、对银团结构的掌握，很大程度上依赖于牵头行所提供的信息备忘录。信息备忘录是其他银行决定是否参加银团的关键性文件，其质量高低是银团能否顺利筹组的关键因素之一。信息备忘录中的大部分资料是由借款人提供，牵头行有责任去核实所提供资料的真实性和准确性。

（二）参加行独立审核

参加行对借款人、担保人作独立的信贷评估，并对牵头行牵头银团贷款的经验、能力进行充分的评估，从而决策是否参加该银团贷款及相应的参贷份额。

银团参加行，除要根据信息备忘录的内容评估借款人的信用风险外，还应当重点考察牵头行的资历和信誉，建立自己的尽职调查程序和信息取证渠道作为信贷决策的必要补充。从国外银行界的实践来看，国际知名银行都有自己的一套内部风险评级体系。参加行建立对银团借款人的风险评价系统不仅要定量地分析企业的财务数据，还应根据借款人的管理水平、公司的投资活动、关联交易等定性因素发掘借款人和项目的潜在风险。

（三）加强银团结构优化

银团贷款的结构设计对于银团融资的风险防范与化解将起到举足轻重的作用。牵头行应提前与借款人充分沟通，综合考虑客户、项目、市场环境、分销形势等因素，并根据对该项目的最终授信审批条件进行银团贷款结构的设计以及贷款条件清单的编制。贷款结构及贷款条件的设计应把握既能满足客户业务需求，又能充分保障银团权益，有效防范潜在风险的基本原则。

（四）扎实开展贷后管理

贷后管理是风险处理机制的中心环节。虽然银团贷款中参加行把贷后管理的职责委托给代理行，但对于一些风险较大的项目，各参加行不能被动地接受代理行提供的信息，而应在加强与代理行沟通的基础上，建立和完善自己的贷后管理体系。与此同时，代理行应重视与银团中其他参加行的联系，定期地召开银团会议，实现对客户管理信息的共享。一旦风险即将产生，代理行应以最快的速度和最低的成本召开银团贷款债权人大会，争取宝贵的风险化解时间，减少损失。

三、风险处理机制的具体实施——债务重组

债务重组是指由于某些原因导致借款人预计到不能履行贷款协议的某些条款而对银团贷款协议的部分条款进行修改的过程，是银团风险处理机制实施的中心环节。债务重组的目标是通过债务人和债权人的重新谈判，达成一

个双方可接受的贷款协议修订方案。

（一）债务重组的主要措施

1. 延长还款年限

此项措施主要是在借款人市场环境发生不利变化、现金流短缺、再融资具有一定困难、不能按时还本付息的情况下而提出的。如果银行发现本身项目较为优质，仅是外部条件暂时不利，完全可以通过延长贷款期限方式，给借款人缓冲时间。

2. 调整银团分期还款计划

导致此项措施发生的主要原因与上一点大致相同，有时延长还款年限和调整银团分期还款计划两项措施同时实施。本措施主要适用于中长期项目融资，通过减少开始几年的还款比例，相应增加还款年限，可以降低项目现金流的压力，提高项目的自偿性。

3. 增加贷款金额

导致本措施发生的原因有两方面：一是项目超支；二是补充流动资金贷款。一般而言，银行大多不会对超支项目追加贷款，如果项目前景良好，超支原因是不可控制因素造成的（如汇率大幅波动），而非项目管理不善所致，同时项目的抵/质押等担保措施将可覆盖增加债务的偿还，银团可考虑追加贷款。

4. 更换或增加担保条件

由于担保人经济实力变化或抵押品价值降低，银团应集体协商，要求借款人更换或增加担保条件。通常银团贷款参加行都较为强势，一旦发现借款担保条件下降，要求借款人更改担保文件都会获得同意。

5. 变更融资成本

一笔贷款要求重组，无疑反映该笔贷款的风险发生变化，因此，银团应按照风险与收益匹配的原则，合理提出变更融资成本的要求。例如银行对政府提出重组的项目，要求贷款利率上浮10%，以作风险对价。

（二）债务重组的程序

1. 借款人向银团提交详细的债务重组建议书

借款人向银团代理人提交债务重组建议书，目的是使银团充分了解借款人的处境并同意对债务进行重组。债务重组建议书的内容应包括以下几个方面。

（1）项目最新进展情况。如果项目还在建设中，建议书应详述项目工程进度，是否超支，超支原因是什么；如果项目已建成，应详述项目的生产运营情况，何时试生产、试开业，何时正式生产、正式开业，产品质量和生产数量等。

（2）经营介绍和分析。债务重组很多情况是由于产品市场发生不利变化，因此，借款人在重组建议书中有必要详述市场变化过程和目前真实情况，并对市场的未来变化进行预测。市场情况包括供求情况、产品价格、竞争对手的表现、消费者行为变化、成本价格及市场策略、原材料供应等。

（3）债务重组的理由。在对项目和市场情况进行报告和分析后，借款人应指出项目遇到的不利因素导致无法按时还本付息，帮助银行了解问题发生在什么地方。

（4）债务重组方案。在列出要求重组的原因后，借款人随之要提出需要修改的贷款协议条款以及修改的具体方案等。

（5）对项目现金流进行重估。

（6）其他相关资料，包括批准债务重组的有关批件，董事会决议副本等。

2. 借款人通过代理行召开银团会议介绍债务重组事宜

借款人提出债务重组后，代理行应组织参加行召开银团会议。代理行作为债务重组的协调人，应将所收到的借款人要求债务重组的文件资料发送给各银团参加行，并要求各参加行在规定的时间内作出答复。代理行收到银团参加行的回复后，应立即将银行的意见转达给借款人或借款人的财务顾问。这一过程可能要反复多次才能达成一致意见。

3. 法律文件的准备和修改

借款人和银团达成一致的重组方案后，代理行可聘请银团律师起草补充贷款协议，以修改现行贷款协议的某些条款。修改协议须经银团全体参加行讨论通过。

4. 补充贷款协议的签署和执行

补充贷款协议定稿后，需要正式签署，但签署后的协议并不表示立即生效，需要等补充协议中的先决条件全部满足后，该补充协议才算生效，债务重组才算正式完成，即实现银团贷款的风险处理。

小贴士

　　最高明的销售方式是销售顾问服务＋产品金融服务方案，可有效引导客户的经营和融资意识及思路，同时配套提供银行的产品金融服务方案。就像一个高明的医生，首先提供的是健康理念，开出的药仅是配套的副产品，这种顾问式的销售模式，适用于各行各业。

第六章　银团贷款应用

银团贷款作为一种中长期融资形式，在支持基础设施建设和城市化进程等方面起到重要融资支撑作用。银团贷款在基础设施项目融资中应用，这是银团贷款自问世以来较为典型的应用领域，也是银团贷款额度占比最大的领域。

一、基础设施的简介

基础设施一般具有以下重要特点：

（1）关乎国计民生，属于上游行业。基础设施所提供的产品和服务是其他生产部门活动的基础性条件，如道路、城市管网、桥梁、污水处理、交通、通信、电力等。

（2）投资金额巨大。基础设施建设规模一般较大，配套性强，资金密集，在技术上具有不可分割性，因此一开始就需要有最低限度数量的投资作为其创始资本。

对基础设施解释：基础设施包括第二产业中的电力、煤气和自来水的生产和供应业，第三产业中的水利业、铁路运输、公路运输、管道运输、航空运输、邮电通信、公共服务和环境保护等。

二、基础设施建设与项目融资和银团贷款

（一）基础设施建设与项目融资

基础设施具有消费的公共性或准公共物品性，一般主要由政府投资，并通过政府筹资的方式融资，主要资金来源可以通过税收、发行债券、政府基金等财政方式筹集。我国当期财政收入不足以支撑基础设施建设所需的大额、长期资金需求，而地方债的发行目前由中央财政代理发行，且规模有限，因此，基础设施建设资金来源有相当一部分通过银行贷款获取，其中相当多采用项目融资方式，如 BOT、BT 以及捆绑式项目融资等。

（二）基础设施与银团贷款

由于基础设施项目一般具有建设规模较大、资金密集和投资周期长等特点，建设资金来源由一家银行提供较为困难，大型基础设施建设项目更是如此。因此，银团贷款成为我国大型基础设施建设的重要融资方式之一，如大型水利工程、大型核电项目以及铁路和高速公路等交通运输等项目的贷款融资。

（三）基础设施建设与项目融资和银团贷款

1. BOT 模式 + 银团贷款

这是银行组成银团针对采取 BOT 模式建设的项目提供的银团贷款，帮助施工企业完成项目。

对于准公共物品性质的基础设施建设贷款，如高速公路、桥梁、自来水、煤气电力等，可以适当收费，采用 BOT 项目融资模式实现。BOT（build - operate - transfer）即建设—经营—转让。典型的 BOT 投融资模式是通过投标或谈判选定基础设施投资项目投资者（项目主办人），并将项目的特许经营权授予项目主办人专门设立的项目公司，项目主办人投入一定数量的资本金后，其他投资由项目融资解决，项目公司负责项目的融资、投资、建设和运营，特许经营期满，项目设施无条件交给政府。国内基础设施建设采用的类似 BOT 模式，一般是由国有企业或政府出资的投资公司作为项目主办人，成立项目公司负责融资、建设和运营，融资多以未来运营所产生的应收款项质押为主要担保，再附带其他担保条件。

2. BT 项目银团贷款

BT 项目银团贷款是银行对承担 BT 项目的借款人提供的一种长期借款，用于帮助借款人完成 BT 项目的工程业务。

BT 项目的借款人通常为大型的施工企业。

【案例】

横琴新区市政基础设施 BT 项目获银团贷款 94.5 亿元。

投资估算总额达 126 亿元的横琴市政基础设施 BT 项目又有喜人进展。昨日下午，该项目实施方珠海中冶基础设施建设投资有限公司，获得由银行等 5 家机构组成的银团提供的 94.5 亿元贷款，根据合同约定，94.5 亿元银团贷款将全部用于横琴市政 BT 项目的投资建设。

横琴市政基础设施 BT 项目银团贷款签约仪式昨日在德翰大酒店举行，由银行广东分行牵头筹组，银行珠海分行、交通银行北京分行、交通银行珠海分行、中国进出口银行广东分行和中国中冶财务公司 5 家机构组成银团，作为贷款人向珠海中冶基础设施建设投资有限公司提供 94.5 亿元贷款，并签署珠海市横琴新区市政基础设施建设 BT 项目银团贷款合同。

横琴市政 BT 项目投资估算总额达 126 亿元，"这是目前国内 BT 项目中投资额度最大的，此次 94.5 亿元的贷款额度也有可能是国内 BT 项目中最大的一笔。"珠海中冶基础设施建设投资有限公司副总经理叶志翔对记者说。此外，另 31.5 亿元的投资资金则由珠海中冶基础设施建设投资有限公司自筹。

作为横琴新区首期重点项目之一，市政 BT 项目是横琴新区市政规划开发建设的基础工程，横琴新区党委副书记、管委会主任牛敬在仪式上表示，该项目关系重大，任务艰巨，此次签约，将为 BT 项目提供强大的资金支撑，并进一步带动项目引入人才、技术、信息等各种资源，而管委会也将为推动该项目提供更便捷高效的行政服务。银团也表示将为横琴市政 BT 项目提供专业、优质、高效的金融服务。

作为全球最大的工程建设综合企业集团之一，中冶去年一举拿下此项目，此次获得银团提供的 94.5 亿元的巨额贷款，与项目发起人招标时设定的高投融资能力是相呼应的。

受征地拆迁、青苗补偿等工作的影响，目前市政 BT 项目的建设进度较慢，预计 2013 年 6 月前可完成示范段相关路段的征地拆迁，届时建设进度将会大大加快。目前市政 BT 项目示范段正进行软基处理，而非示范段预计于 11 月 15 日开始大规模的吹填砂工程。

横琴市政基础设施 BT 项目主要包括市政道路及管网工程项目、堤岸和景观工程项目两部分，由珠海大横琴投资有限公司发起，中国中冶投资建设，珠海中冶基础设施建设投资有限公司负责实施，工期三年，力争两年半完成。业界认为，该项目建设采用 BT 这一投资建设模式，可有效弥补横琴开发资金不足的短板，规避政府举债上项目的风险，或将为地方政府融资提供一种崭新范式。

BT（build transfer）即建设—移交，是基础设施项目建设领域中采用的一种投资建设模式，即根据项目发起人通过与投资者签订合同，由投资者负责项目的融资、建设，并在规定时限内将竣工后的项目移交项目发起人，项目发起人根据事先签订的回购协议分期向投资者支付项目总投资及确定的回报。

3. 政府采购模式 + 银团贷款

对于纯公共物品性质的基础设施建设贷款，如市政道路建设、市政公用设施建设等，除通过财政直接拨款建设，还可通过政府采购模式或 BT 模式，实现基础设施提前建设，为社会和经济提供基础性发展条件。

国家或地方政府对 BT 方式没有明文的政策规定或规范要求，但同时也没有禁止性规定。根据《中华人民共和国政府采购法》第二条，"政府采购是指各级国家机关、事业单位和团体组织，使用财政性资金采购依法制定的集中采购目录以内的或者采购限额标准以上的货物、工程和服务的行为"。根据《政府采购品目分类表》，文教、卫生、音乐、体育等公益设施建设，市政道路建设，市政公用设施建设，公路、桥梁建设等都列入政府采购目录。

实践中一般的做法是，政府通过招标或协商方式选定投资方，并与投资方签订 BT 投资合同，投资方组建 BT 项目公司，项目竣工后，按 BT 合同，投资方将完工验收合格的项目移交政府，政府按约定总价（或计量总价加上合理回报）按比例分期偿还投资方的融资和建设费用。该方式与银团贷款结合，为各地城市化建设提供重要的融资支持。

A 市 ××新区基础设施银团贷款项目，可作为 BT 方式与银团贷款相结合为城市建设提供资金支持较典型的案例。××新区规划纳入 A 市城市总体规划（2006—2020 年）范围，××新区规划项目由政府协商方式选择 AB 公司作为投资方，并与其签订项目回购协议。AB 公司组建项目公司，并以与政府签订的回购协议项下享有的全部权益和收益提供质押担保，向银行申请贷款，由于贷款金额达 70 亿元，采用银团贷款方式。最终，该银团贷款项目由 5 家银行参与组建，及时、有效解决项目融资需求。该案例成功的关键：一是项目已列入规划；二是 AB 公司已与 A 政府签订项目回购协议，并已在牵头行开立质押专户。

4. 捆绑式项目融资 + 银团贷款

捆绑式项目融资包含三层含义：一是参与利益捆绑，即指公共部门与私营部门之间建立长久的合作伙伴关系；二是项目之间的横向捆绑，即为使非经营性项目对私人资本具有吸引力，将这些项目与盈利能力较强的经营性项目捆绑在一起进行招标，建立合理的风险分担和利益分配机制；三是项目纵向捆绑，即在项目的整个寿命周期内采用设施建设和服务供应捆绑的方式。较为典型的案例是北京奥运场馆建设所采用的捆绑式项目融资。由于国家体育馆属于非经营性建设项目，赛后盈利较难，这对私人投资缺乏吸引力；而赛后可作为住宅小区出售的奥运村项目具有很强的盈利性。因此，北京政府将国家体育馆和奥运村两个项目进行捆绑，将其打造成准经营性项目，再通过其他配套政策的支持，使其成为招标中竞争最激烈的项目。

5. 兼并收购银团贷款

并购是指通过企业资源的重新配置或者组合，以实现某种经营或者财务目标，包括改善企业的经营效率、实现资产的优化配置。从本质上而言，并购与重组是一种金融交易，旨在通过企业产权、控制权的专业重新组合，来达到整合资源、增加或者转移财富的目的。

并购融资是指并购方企业为兼并、合并或者控股收购被并购方企业而进行融通资金的活动。并购是企业实现资本扩张和战略整合的重要手段，而并购融资是企业并购能否成功实施的关键因素。按照并购资金的来源，并购融资分为内部融资和外部融资两大渠道。

内部融资是指靠企业自身积累的资金去进行并购，但是由于并购通常需要大量的资金，所以更多的时候，并购者均需要通过外部融资来解决并购所需要的资金。

企业并购外部融资主要有以下几种方式：①银行或者其他投资者提供的贷款资金；②发行债券和夹层融资；③增发股票、认股权证以及私募等方式获得权益融资；④各种融资方式混用。

2008 年 12 月 9 日，中国银监会发布《商业银行并购贷款风险管理指引》银监发［2008］84 号，在《贷款通则》颁布 12 年后再次允许银行贷款进入股权领域，为商业银行合法从事并购融资提供法律上的依据，从商业银行获得信贷资金成为我国企业融资的重要方式。

在金融创新推动下，银团贷款更广泛被用于收购兼并、债务重组等投资银行业务。银团贷款与资本市场结合紧密，主要用于结构融资、债务重组和收购兼并以及杠杆收购。银团贷款作为并购融资方式具有以下优点。

（1）更好地解决大额并购融资支付对价的需求。收购兼并往往涉及大额资金对价的需求，出于对净资本的限制和要求以及风险的控制，多数银行愿意以银团贷款而非独家承贷的方式来提供融资。如 2009 年中铝收购必和必拓事件中，国家开发银行作为牵头行组织提供210亿美元的银团贷款额度。清科集团整理的国内2009年十大并购事件中的各项并购均动辄上亿美元，往往靠单一银行无法安排，需要组成银团来提供融资安排。

（2）提供并购财务顾问、账户托管和监管等增值服务。银团方式除可以筹措大额资金支付并购对价以外，往往还提供财务顾问、账户托管和监管等其他服务。财务顾问可包括财务模型构建、并购估值、交易结构设计、再融资方案制订、并购后整合等多项服务。通过并购资金托管行等角色设计，可以保证并购资金能够安全支付，有利于并购交易的安全进行。

【案例】 国内最大的银团并购贷款

国内并购贷款政策开闸以来，市场上单笔最大的人民币并购银团贷款昨日成功发放。此笔并购银团贷款由北京银行担任牵头行和代理行，金额达35亿元，用于北京国有资本经营管理中心收购中信建投证券有限责任公司45%的股权。今日，在完成股权相关审批、变更等手续后，北京国有资本经营管理中心根据交易进度提取首笔贷款，金额达31.5亿元。

此笔国内最大的并购银团贷款由三家银行承贷，北京银行作为牵头行和代理行，承贷13亿元；参加行银行和中国建设银行，各承贷11亿元。

为适应资本市场改革开放的新形势，促进我国证券行业对外开放和创新发展，2008年3月，中国证监会发布《关于证券公司控制关系的认定标准及相关指导意见》，明确证券公司"一参一控"政策。中信证券股份有限公司拥有中信金通证券有限责任公司100%的股权，同时控股中信万通证券有限责任公司（91.4%）和中信建投证券有限责任公司（60%）。为达到"一参一控"的监管要求，中信证券需转让其持有的中信建投部分股权。

由于金融证券类公司股权交易对股东单位资质要求较高、交易涉及环节较多、后期审批过程中有一定的不可控因素，因此，这类股权交易能否顺利达成具有较大的不确定性。为给此次收购交易提供资金保障，北京银行组织银团成员行根据交易程序为北京国有资本经营管理中心量身定制包括履约保函、财务顾问、并购贷款、银团贷款等多产品的综合金融服务方案。2010年6月29日，中信证券将其持有的中信建投45%的股权在北京产权交易所挂牌转让，挂牌价格72.9亿元，北京国有资本经营管理中心成功摘牌。7月23日，此笔并购银团贷款合同顺利签署。

6. 保函银团

贸易融资有多种形式，这里就以船舶预付款退款保函为例来介绍银团在贸易融资中的应用。保函银团在形式上表现为两家或以上金融机构依据同一保函协议，按约定的时间和比例，通过代理行向申请人提供的授信业务，其风险承担与利益收成一般是根据银团内各成员的参团份额及比例确定。保函银团的受益点主要为船舶预付款、保函费用收入，也包括后续的结汇等收益。风险主要在于船舶的建造风险，即船厂有没有能力按照造船合同的约定建造、交付船舶。此外，市场变化、境外船东支付能力、原材料价格波动、汇率波动、法律适用等都会对此业务产生一定的风险。保函银团不仅为船企解决融资难题，也为银行规避风险降低财务成本，同时还带动中小商业银行参与海外买方信贷和保函等业务。这是克服金融危机、提振信心、取得银行和船企双赢的有益尝试。

【案例】

2008 年 3 月 7 日，江苏新时代公司银团保函在北京签署 30 亿美元船舶预付款退款保函银团协议。该项目也是国内首例针对船厂的预付款退款保函需求，利用银团贷款方式组建的银团。

预付款退款保函指的是银行根据预收款人要求，向预付款人保证，如预收款人没有履行合同或不按合同约定使用预付款，银行将受理预付款人的退款要求，按照保函约定承担保证责任。

在新时代保函银团案例中，保函格式经银团各参加行确认，实行一船一行、分次开立、分期生效、按生效金额收费方式。由参加银行在其授信范围内直接向船东开列保函，如船东不接受该银行开立的保函，则由牵头行或者副牵头行转开，转开费用由申请银行承担。

各参加行不可撤销地授权牵头行而无须另行授权，由其直接确定保函开立行对外开立保函。牵头行在确定保函开立行时，应确保各参加行确定开立保函金额的比例与其认购比例相接近，同时应当平衡各个参加行开立保函的先后顺序关系。

保函申请人支付的保函费全部由各参加行按照各自的认购比例共同享有，保函费由授信代理行统一收取，并由其按照各个参加行的银团认购比例进行分配。各参加行共同享受授信合同项下的保函收益、承担授信合同项下的保函风险及损失，与参加行实际是否开立保函、开立多少保函均无关联。

各参加行按照银团授信合同的约定，按照认购比例共同承担银团项下所有保函的一切风险和责任，并对于保函开立行开出的保函项下付款义务，按照各自认购比例向保函开立行承担无条件的付款义务。各参加行放弃对保函开立行审核过程的异议权，但因保函开立行在审核过程中的故意或者重大过错行为导致银团遭受经济损失的除外。担保措施为相关公司及最终控制人连带责任担保、资产抵押、保函授信项下的所有在建船舶抵押、保函授信项下的所有在建船舶的预期应收账款抵押。

除上述保函银团以外，银团贷款方式还可以广泛应用于贸易融资领域下其他产品。比如，应收账款保理业务，开立一般信用证和备用信用证等，均可通过银团贷款方式开展，且有利于大额贸易融资的进行，有效地分散风险。

【案例】 广州亚运城项目 80 亿元银团备忘录

中信银行和工商银行广东省分行营业部受借款人广州利合房地产开发有限公司的委托，作为联合牵头行为借款人组织总金额为人民币 80 亿元（大写：人民币捌拾亿元）的银团贷款，特准备以下信息备忘录。

本备忘录中的信息和资料全部是由牵头行根据借款人提供的资料编制。借款人已经向牵头行确认，其提供的资料以及本备忘录在实质上是真实的、完整的、准确的，除非另有说明。牵头行没有独立对备忘录中的资料作说明或评论。牵头行未曾独立地加以审核，也未曾核实本备忘录中的资料是否已包括所有与本次融资有关的重要情况。牵头行对备忘录的内容的真实性、完整性和准确性不作任何保证，备忘录的制定并不意味着备忘录的内容在今后任何时间都是准确的。

本备忘录不应被视为牵头行就借款人的资信或其他预测提供的唯一基础资料，也不应被理解为牵头行推荐所有收到该备忘录的银行参加本次融资事宜。本备忘录仅供愿意参加银团的银行决策参考，在作出参与银团的决定前，贵行应独立对借款人进行贵行认为参加本次融资事宜所必需的调查和评估。

本备忘录的内容是保密的，在未征得借款人的同意前，不得向任何第三方泄露部分或全部内容，不得复制，也不得用于其他任何目的。

一、贷款的基本条件

（一）各有关参与方

1. 借款人

借款人：广州利合房地产开发有限公司

借款项目：广州"亚运城"项目

借款人申请贷款总金额为人民币 80 亿元（大写：人民币捌拾亿元）

2. 银团成员

银团贷款的承担额分别如下：

银团机构方案

银团中地位	银行名称	份额	备注
牵头行	中信银行	40	承接
牵头行	工商银行	40	承接
参与行	农业银行、光大银行、招商银行、兴业银行	5	承接

（二）借款用途

用于广州"亚运城"项目。

（三）借款期限

本银团贷款的借款期限为 5 年，即从 2010 年起至 2015 年止。

（四）贷款利率

1. 按同期人民银行基准利率，按季度结息。

2. 本银团贷款利率的调整，由借款人、牵头行、代理行和各参加行协商确定。

（五）还款和提前还款

额度有效期 1 年，贷款期限 5 年（含宽限期 1 年），贷款按约定偿还，宽限期后每年还款额不低于 20 亿元。具体还款时间根据项目的销售进度按比例逐年归还，初定如下还款计划：

还款计划

年份	还款金额
贷款发放日计第 2 年	20 亿元
贷款发放日计第 3 年	20 亿元
贷款发放日计第 4 年	20 亿元
贷款发放日计第 5 年	20 亿元

二、借款人及项目概况

借款人为开发"广州亚运城"项目，起初由广州富力地产股份有限公司（以下简称富力）、雅居乐地产控股有限公司（以下简称雅居乐）、碧桂园控股有限公司（以下简称碧桂园）合资成立；由于项目整体规模较大，资金量需求较大，根据股东内部协商，新增中信房地产股份有限公司（以下简称中信地产）和世茂房地产控股有限公司（以下简称世茂地产）两家股东，股权各占20%。

（一）股东简介

1. 富力

公司名称：广州富力地产股份有限公司

注册地址：广州市天河区珠江新城华夏路10号富力中心45~54楼

2. 雅居乐

公司名称：雅居乐地产控股有限公司

注册地址：Century Yard Cricket Square Hutchins Drive P. O. Box 2681GT George Town Grand Cayman British West Indies

3. 碧桂园

公司名称：碧桂园控股有限公司

注册地址：Cricket Square，Hutchins Drive，P. O. Box 2681，Grand Cayman KY1 – 1111，Cayman Islands

4. 中信地产

公司名称：中信房地产股份有限公司

注册地址：北京市朝阳区新源南路6号京城大厦9层

5. 世茂地产

公司名称：世茂房地产控股有限公司

注册地址：Cricket Square，Hutchins Drive，P. O. Box 2681，Grand Cayman KY1 – 1111，Cayman Islands

（二）项目简介

1. 项目的取得方式及价格

2009年11月11日，广州市国土资源和房屋管理局发布亚运城项目整体出让公告。

2009年12月22日现场竞价。竞价结果为：富力、雅居乐和碧桂园的联合体（以下简称联合体）中标，价格为255亿元，折合楼面地价为5822元/平方米，并签订编号为：4401002009B1628的《国有建设用地使用权出让合同》。

2009年12月25日，联合体已经支付首期出让金102亿元，占总价款的40%。

按规定，联合体将于2010年12月10日和2011年12月10日分两次支付剩余60%的出让金153亿元（每次支付76.5亿元）。

综上，联合体经过拍卖获得两项物业：一是已经建成的亚运村约107万平方米物业（其中包含80万平方米住宅和6.6万平方米商业），该批物业可以在2009年7月起发售并在2011年1月亚运会后交楼，联合体为此已经支付102亿元人民币；二是未来331万平方米的可建筑面积用地，并为此需要再支付153亿元人民币。

2. 项目概况

（1）地理位置

项目位于广州市番禺区广州新城东部莲花山麓，距中信广场约28公里，30分钟内可到达市中心。

（2）项目具体技术指标

①占地总面积：273.723万平方米

②地上总建筑面积：438万平方米（不包含架空层及村经济发展用地建筑面积）

③亚运会赛后保留已建建筑面积：106.65万平方米，其中商业建筑面积6.58万平方米，公建及其他配套设施建筑面积19.73万平方米，居住面积80.34万平方米

④赛后新建建筑面积331.35万平方米，其中商业建筑面积14.18万平方米，共建及其他配套设施建筑面积12.63万平方米，居住面积304.54万平方米

⑤已建成物业的销售时间：2010年7月

⑥移交时间：2011年1月31日

（3）项目规划及定位

①赛时规划。亚运城位于广州新城东部莲花山麓，由运动员村、媒体村、技术官员村、国际广播中心和主新闻中心、亚运公园等部分组成，将容纳约

4.5 万人。

②赛后规划。赛后，亚运城将成为"广州新城"的一部分，亚运城内的运动员村、媒体村、技术官员村等，赛后将改为中高档居住小区出售；主媒体中心赛后将扩建为主题商城。综合体育馆将成为集体育、商业、公共服务等功能于一体的建筑综合体。

③项目定位。广州都会区空间布局的基本取向为：南拓、北优、东进、西联。广州新城是"南拓"的重要组成部分。2005 年 4 月 8 日的《面向 2010 年亚运会的广州城市发展规划》明确广州将全力构建"两心四城"的空间结构。"两心"是指天河新城市中心、广州新城中心。亚运会后的广州新城将成为继天河区之后的另一个城市中心区域。

（4）项目优势

①政府投入。市政府将把亚运城打造为广州的南部中心，绿色宜居的"广州新城"；政府投入约 130 亿元的财政资源建设。

②交通便利

A. 距市中心 28 公里，车程约半小时。

B. 地块周边路网已经比较成熟。

C. 地铁三号、四号线开通，基本保证广州新城快捷通达市区；另外规划中的多条地铁线路都经过该区域。将大大提高广州新城与广州中心区、番禺区的快速便捷连通。

D. 清河路、京珠高速可连接南沙快线、华南干线等高速路网。

E. 便捷水路交通往来香港，每天 10 个航班，航程 1 小时 50 分。

F. 距广州新火车站约 15 分钟车程。

③周边配套完善

A. 按照规划完全可满足 10 万人口生活的需求，是广州地区少有的配套先进的大型住宅片区。

B. 教育：幼儿园 6 个，小学 4 个，初中 2 个，高中 1 个。（引进中学广铁一中，省一级中学）

C. 医疗：医院 1 个，为广州医学院附属第四医院。

D. 休闲：公共绿地公园 4 个，体育馆 2 个，及其他亚运保留景点。

E. 商业购物：规划商业面积 20 万平方米，已建成 6.58 万平方米。

（附注：不包括原有及番禺城区的配套设施）

④周边环境优美，旅游资源丰富

A. 莲花山风景区是羊城八景之一，人文和自然旅游资源丰富，是广州市内知名度较高的旅游景区，但近年来知名度有所下降。

B. 莲花山高尔夫球场拥有18洞72杆、五星级高级会所以及95幢度假别墅，主要吸引来自港澳的客户。

C. 有莲花湖度假村。

D. 新造—化龙一带农业发达，主要发展都市休闲农业，随着海鸥岛的开发，其稀缺的海岛生态资源也将成为番禺东部的另一旅游亮点。

⑤随着周边创意产业、体验经济、总部经济等的发展和成熟，产业人口的进入和增加，亚运村成为成熟居住社区。

（5）项目现状

①目前地块已经平整完毕，大部分道路及绿化已经完成。

②运动场馆、媒体村、运动员村、技术官员村及其配套已经基本完成土建工作，2010年11月前正式对外开放。

三、广州市整体消费能力分析

作为一个常住人口1 018万人的特大城市，广州市场的消费能力常年保持在全国前列。2008年广州市全年城市居民家庭人均可支配收入25 317元，增长12.7%，超过全省平均水平1.2%，是全国人均购买力最高的城市之一。2008年，广州市实现GDP 8 216亿元，按可比价格计算，比2007年增长12.3%，高出全省平均水平两个百分点。目前广州是位居全国第三位的经济强市，仅次于上海、北京。预计，2010年广州GDP接近1万亿元。

四、项目效益预测

（一）项目周边楼盘房价现状

项目周边房价：根据对亚运城板块周围的房地产项目调查，单价基本在每平方米7 000～13 000元。以下是周围楼盘的2009年12月至2010年1月的参考价格：

项目名称	单价（元/平方米）	说明
保利公馆	8 000～10 000	毛坯
尚东尚筑	11 000～14 000	毛坯
东湖洲花园	10 000～12 000	带精装修
庄士映蝶蓝湾	6 600～8 000	毛坯
金海岸花园	9 000～11 000	毛坯

（二）项目效益预测

此项目是广州市标志项目，有力支持广州新城整体规划的落实。项目分为两部分，一部分是已建成物业部分，另一部分为未开发土地部分，其中主要利润集中在未开发土地部分，此笔授信用于归还股东已投入的部分资金。以下是对项目两部分效益及总体效益的预测。

1. 已建成物业部分

（1）项目房产单价预测

鉴于上文中分析的各项优势，参考项目周边的房价以及项目本身自带高品质装修，对项目的销售价格预测如下：

A. 住宅销售均价为 1.4 万元/平方米；

B. 商业销售均价为 2 万元/平方米。

（2）项目销售收入预测

A. 住宅部分销售收入 = 1.4 × 80.34 = 112.48（亿元）；

B. 商业部分销售收入 = 2 × 6.58 = 13.16（亿元）；

C. 项目总的销售收入 = 125.64（亿元）。

（3）项目预计成本

A. 项目购入成本为 102 亿元，根据出让合同规定：亚运城已建成物业的所有权及其占用地的国有建设用地使用权出让款，为亚运城整体项目出让价款的 40%，即整体出让金的首付款 102 亿元；

B. 项目融资借款利息为 11.52 亿元（项目贷款 80 亿元，利率按 5.76%，由于贷款分期归还，期限假设为 2.5 年）；

C. 项目总成本为 113.52 亿元。

（4）项目预计利润

A. 项目利润总额为 125.64 - 113.52 = 12.12（亿元）；

B. 项目净利润为 12.12 × （1 - 25%）= 9.09（亿元）；

C. 项目销售现金流预测

年份	2010	2011	2012	2013	2014	合计
预计销售进度（%）	10	40	30	15	5	100
销售收入（万元）	125 636	502 544	376 908	188 454	62 818	1 256 360

注：上述测算可以看到，依赖于项目的正常销售收入已经足以归还本银团贷款，并有良好的经济效益。

2. 未开发土地部分

（1）项目房产单价预测

鉴于上文中分析的各项优势，参考项目周边的房价以及项目本身自带高品质装修，考虑到配套的进一步完善、市场良好的反映以及通胀因素的影响，对项目的销售价格预测如下：

A. 住宅销售均价为 1.55 万元/平方米；

B. 商业销售均价为 2.2 万元/平方米。

（2）项目销售收入预测

A. 住宅部分销售收入 = 1.55 × 304.54 = 472.04（亿元）；

B. 商业部分销售收入 = 2.2 × 14.18 = 31.20（亿元）；

C. 项目总的销售收入 = 503.24（亿元）。

（3）项目预计成本

A. 项目地价 153 亿元，根据出让合同规定：亚运城购买未开发用地国有建设用地使用权，占整体出让金的 60%，即 153 亿元。

B. 预计项目的每平方米建设开发成本（包括各项税费及借款利息）为每平方米 7 000 元，则开发总成本为（304.54 + 14.18）× 7 000 = 2 231 040（万元）= 223.10（亿元）。

C. 项目总成本为 153 + 223.10 = 376.10（亿元）。

（4）项目预计利润

A. 项目利润总额为 503.24 − 376.10 = 127.14（亿元）；

B. 项目净利润为 127.14 ×（1 − 25%）= 95.36（亿元）。

3. 总体评价

根据上述数据，项目总投入接近 500 亿元，净利润超过 100 亿元，整体效益良好。

五、项目资金分析

由于此笔授信投入于"广州亚运城"项目中已建成物业，因此以下资金分析也仅对项目已建成物业部分进行资金分析。

（注释：其中未开发用地的地价 153 亿元由股东以自有资金投入，开发建设由股东自有资金投入和房地产项目开发贷款方式解决）

（1）项目总投入 102 亿元。出让合同规定：亚运城已建成物业的所有权及其占用地的国有建设用地使用权出让款，为亚运城整体项目出让价款的

40%，即整体出让金的首付款 102 亿元。

（2）自有资金投入：22 亿元。股东贷款给项目公司形式，已全部支付，超过国家发展改革委［2009］27 号文规定的 20% 的自有资金投入。

（3）银行融资：80 亿元。资金缺口 102 - 22 = 80（亿元），故特向银行申请 80 亿元贷款，用于"广州亚运城"项目，归还股东已投入的部分资金。

六、放款条件

借款人正式成立，取得房地产开发资质，公司注册资本不低于批复外资总投资的 50%，并提供相关证明文件。

借款人财务报表经审计，所有者权益及股东贷款合计金额不低于本项目总投资的 20%。

借款人股东承诺：借款人为本项目直接受让人；在银团贷款清偿前不提前收回作为本项目资本金的股东贷款。

借款人承诺：在银团开设本项目预售款监控账户并接受银团监管；未经银团同意不得对外提供担保及新增银行融资。

担保人出具同意担保的有效法律文件，提款前签署担保合同。

借款人股东及担保人承诺，若销（预）售回笼资金在本项目产权未过户前被国土房管部门限制使用，或销（预）售回笼资金不足以偿付到期贷款本息时，须向借款人提供短期现金支持，确保银团到期贷款本息的偿还。

本项目的产权过户手续必须于 2011 年 6 月 31 日前办妥，否则将构成违约，银团有权停止贷款并宣布贷款提前到期。

提款前各参贷银行签署银团贷款合同。

申请人贷款卡有效且无不良记录。

七、还款能力分析

（1）根据上面对项目的效益预测数据，项目整体效益良好，销售收入和净利润分别为 125.64 亿元和 9.09 亿元，足以保障本笔银团贷款准时还本付息。

（2）根据上面对项目的现金流预测数据，项目每年的现金回笼量充足，可以保证借款人按照还款计划准时还本付息。

（3）股东实力雄厚，自身的经营状况及现金流充足，每年各个股东超过百亿元的销售收入及现金流完全可保证银团贷款的准时归还。项目公司的股东在各家银行的信用记录良好，且有四家为上市公司，另外一家为大型国企，正在上市筹划阶段，还款意愿良好。

八、担保条件

为保证此笔授信能够准时归还，降低银团资产的总体风险，项目公司的所有股东愿意按照股比对此笔授信连带责任担保，即每个股东担保其中 16 亿元的贷款本息。

九、关于已建成物业价格及实际放款金额的补充说明

由于此笔授信是投入"广州亚运城"项目已建成物业，相应的授信额度是根据此部分物业的总投入确定，因此鉴于以下情况：

（1）挂牌文件版本第 4.1.1 规定，已建成物业的所有权及其所占用地的国有建设用地使用权出让价款为亚运城整体项目出让价款的 40%，即总出让价格 255 亿元的 40%，为 102 亿元。

（2）联合体与广州市国有资源管理局签订的正式《土地使用权出让合同》中第 4.1.1 规定：已建成物业的所有权及其所占用地的国有建设用地使用权出让价款人民币 66 亿元。此 66 亿元是根据亚运城起拍价格 165 亿元的 40% 计算出来的。

（3）亚运城已建成物业价格与原定价格出入太大，差额为 36 亿元，对开发商项目总体开发和销售产生一定的不利影响，为此，"广州亚运城"项目中标联合体和广州市国土资源局沟通，建议签署相应的补充合同，仍按挂牌时提供的合同样板规定的价格 102 亿元。

实际放款计划如下：

（1）以上两个价格均为合理价格。

（2）银行以广州市国土资源局最终确认已建物业转让价格作为项目的总投入金额。

（3）银团贷款实际放款总额为 80 亿元 ×（最终确认的转让价格/102 亿元），可分次发放。

（4）银团参与行贷款的实际发放金额：原定份额 ×（银团贷款实际放款总额/80 亿元）。

十、承诺函回复期限

银团参与行须在 2010 年 2 月 26 日前，提交给银行关于参加"广州亚运城"项目人民币 80 亿元银团贷款的承诺函。

7. 融资租赁银团

由租赁公司针对借款人提供的售后回租型的银团融资，用于帮助出租人盘活沉淀在固定资产项目上的资金。

【案例】 武汉地铁集团

近日，武汉地铁集团与工银租赁、渤海租赁、招银租赁三家租赁单位组成的联合体正式签约，采用金融租赁，即售后回租的形式，为轨道交通 1 号线及 2 号线的部分设备资产融资 30 亿元资金。

金融租赁是近年兴起的一种融资手段。金融租赁公司根据承租企业的选择，向设备制造商购买设备，并将其出租给承租企业使用，租赁期满，设备归承租企业所有。

8. 保理银团贷款

保理银团贷款是指银行组成银团采取保理融资的业务模式买入卖方持有的应收账款的一种融资业务。

【案例】 工商银行湖南株洲董家段支行成功发放银团保理融资 6 000 万元

董家段支行对中国航空工业集团公司下属中国南方航空工业（集团）有限公司发放银团保理融资 6 000 万元顺利到账，标志着工行整体营销的成功，同时开创该行跨行银团业务的先河。

总行与中航工业集团、中航工业集团财务有限责任公司、交通银行、中信银行签署《国内保理业务全面合作协议》，正式同意以财务公司作为牵头行、管理行、账户行，北京分行作为参贷行的模式为中航工业集团下属成员单位办理买断型国内保理业务。

近日，根据合作协议约定，中航财务公司邀请工行合作为中航工业集团下属成员单位中国南方航空工业集团公司办理总额为 8 000 万元买断型国内银团保理业务。根据上级行的安排，北京分行王府井支行为行内牵头行，董家段支行作为成员行具体操作办理 6 000 万元买断型国内保理业务。该行在三天内将融资发放到位，充分体现工行整体营销优势。

一、整体联动，分工明确。根据合作协议，银团主办行财务公司负责客户业务基础资料真实性及完整性的审核，对北京分行出具《国内保理业务资料审核确认书》。北京分行负责对业务经办行的业务指导，并传递相关要件资料。董家段支行负责业务调查及流程发起，株洲分行业务审批。

二、领导重视，强化协作。该业务意向明确后，引起湖南分行三级行领导的高度重视。各级领导明确表示，各部门统一认识，加强与北京分行联系，按规操作，确保该业务顺利办理。省市分行明确公司业务部并指定具体联系人，负责业务协调。

三、为确保该业务成功发放，支行成立以支行行长为首业务服务团队，行长负责与上级行行领导及部门的沟通协调，业务主管行长负责与北京行的联系，客户经理负责资料的收集，账户开设，业务调查及流程上报。分工明确，各司其职，按规操作，确保该业务顺利发放。

该笔业务主体均为中航工业集团内部主要生产企业的采购部门，且由借款企业所在的板块公司（集团一级子公司）出具承诺函对保理融资提供担保，业务整体风险可控。同时中航工业集团实力雄厚，发展前景十分看好，是各家商业银行争夺的优质客户，本次保理业务的办理将有利于促进银行与中航工业集团的合作关系，是多方共赢的业务典范。同时，为银行明年办理此类业务积累经验，夯实业务基础。

9. 债务结构优化项目银团贷款

债务结构优化项目银团贷款是指多个银行组成银团，为借款人的短借长用项下的短期贷款提供重新整理安排，帮助借款人盘活项目的资金的一种融资业务。

【案例】公路债务结构优化项目银团贷款

根据协议，由工商银行江苏省分行为牵头行，交通银行江苏省分行为联合牵头行，银行江苏分行、浦发银行等 13 家银行为参与行组建银团，对该局现有 146.65 亿元短期流动贷款进行债务重组、结构优化，分别组建 87.2 亿元的项目银团贷款和 59.45 亿元的流动资金银团贷款。

银团贷款协议的达成，不仅为积极化解交通建设债务风险寻求现实路径，也为妥善处置政府融资平台债务问题提供有关经验。希望交通系统和金融系统认真抓好有效经验推广，对省内交通建设债务进行排查，通过组建银团贷款，优化债务结构；同时，要着眼大局，立足长远，进一步加强战略合作，在风险可控的前提下，继续加大对重点建设项目的信贷支持，并积极探索符合交通基础建设性质的市场融资方式，鼓励社会资本支持交通运输业发展，努力构建多元化、多层次、多渠道的交通融资体系。

10. 租赁公司银团贷款

租赁公司银团贷款是指银行组成银团，针对特大型租赁公司提供的一种特定的银团贷款。

【案例】恒信租赁获 32 亿元银团贷款授信

恒信金融租赁有限公司，在股东——全球领先的美国得州太平洋集团（TPG）强大资金支持下，除在保持传统医疗、印刷、政教、机床等设备租赁业务继续发展外，我们在工业、节能环保、工程机械等新领域也大力开拓，并与优秀的设备制造商合作，积极开展多元化设备融资租赁业务。目前，我们已在北京、武汉、广州、重庆设有办事处，近期我们还将在数个沿海和内地的中心省会城市开设办事处。

信贷额度紧张，对融资租赁行业是一把"双刃剑"：一方面企业融资受困之时，融资租赁公司反而获得市场机会，但另一方面，融资租赁公司自身融资门槛也节节提高。

9 月 26 日，国内外资租赁公司中资本金最大的公司之一恒信金融租赁有限公司（以下简称恒信公司）与银行、农业银行、交通银行以及工商银行签订协议，将从这些银行获得 20 亿元中长期银团贷款授信。

11. 飞机融资银团

【案例】某航空公司飞机融资银团

某航空公司 C 为引进 9 架空客飞机和 4 架波音飞机向全球招标，中标银团以融资租赁的方式为 C 公司安排 13 架飞机的融资。代理行在法国注册成立 13 家 SPV（特殊功能机构），由 SPV 作为借款人向各家银行借款，然后向飞机制造商购买飞机，并作为出租人与航空公司签订飞机租赁协议。13 架飞机融资总额为 6.7507 亿美元，占飞机总价的 85%。其中牵头行提供贷款 1.5 亿美元，参与行提供贷款 5.2507 亿美元。航空公司 C 自有资金 1.1913 亿美元，占飞机总价的 15%。银行贷款期限为 10 年，利率为 6 个月 LIBOR＋35BP，租赁期结束后由 C 公司以每架飞机 10 000 美元的价格获得飞机的所有权。

该项目中每架飞机的融资单独签订合同，航空公司在每份租赁合同开始执行之日，向出租人提供的金额为每架飞机价格 15% 的出资额。借款人与各次级参与行签订次级参与协议，抵押物托管人与次级参与行签订权益转让协议，抵/质押托管行与次级参与行签订权益转让合同。银团在每份租赁合同开始执行之日，向出租人提供的金额为每架飞机价格的85%，承租人以租金的形式每半年支付一次本息。由代理行成立抵押品托管机构，抵押品和权利将分别由航空公司、SPV、飞机制造商转让给抵押托管机构，而抵押托管机构将其整体打包转让给银团。

三、在航运金融中的应用

航运金融是指航运企业运作过程中发生的融资、保险、货币保管、兑换、结算、融通等经济活动，以及由此产生的一系列相关业务的总称，可分为船舶融资、航运保险、资金结算和航运价格衍生产品四大类型，在国际金融市场中具有举足轻重的地位。广义的航运金融更是包括船舶/飞机制造、配套、运营以及港口/机场等航运产业链上的各类经济活动。其中，船舶融资是航运金融业务中的一块"大蛋糕"。航运企业购置船舶特别是远洋运输船只，需要很大的资金投入，离不开金融机构的融资支持。从全球范围看，银行贷款含融资租赁是现今主导国际船舶融资市场的主力，约占全球航运融资市场70%的份额。作为一个技术与资本都高度密集的产业，航运业具有投资额大、回收周期长、风险系数高的特点，航运企业很难依靠自身力量进行投资活动，需要借助金融机构为其提供庞大的资金支持。航运业涉及的船舶、飞机、港口和机场类固定资产购置需要大量的资金，除少数可以只用现金交易外，新造船（飞机）或购买船龄较短的二手船（飞机）时都必须考虑融资问题。市场上常见的航运金融融资方式主要有私人或公众集资、发行债券、商业银行贷款、私下举债、供应商融资、融资租赁等基本方式。

一般而言，对于船舶类客户，在以下几个环节均可以通过银团贷款方式操作：

（1）保函开立。通常来讲，预付款退款保函金额为前四个节点预付款的总额。在2007年航运市场兴旺时期，预付款退款保函比例通常达合同金额的80%。

（2）出口卖方信贷。通常来讲，船厂签约后收到的首付款不足以支撑其履行造船合同流动资金需求，故会向银行申请出口卖方信贷，比例约为合同金额的60%（该额度包括流动资金项下的其他融资工具）。

（3）开立银行信用证。通常来讲，船舶制造过程中，造船合同中约40%

的金额需要从国外进口（本额度包含在出口卖方信贷内，并交替使用），最常见的结算工具是进口信用证。

银团贷款是航运金融业非常重要的融资产品，主要体现在：

（1）银团贷款有利于筹措航运金融业所需要的巨额资金。

（2）银团贷款有利于分散航运业本身所具有的各项风险。

（3）银团贷款有利于银行间的专业分工和技术分享。

银团贷款是航运金融业分散风险的重要模式，各银行之间既是竞争者，又是合作伙伴，银团贷款等融资模式将成为趋势。各类航运金融银团产品的现金流必须经过银团监管账户，通过融资银团代理行对监管账户的监管，实现银团对项目全程监控。

航运金融是一项专业性和综合性较强的业务，不仅涉及船舶、航运等专业技术知识，同时与航运相关的保险、税收、船籍制度等法律法规政策也密切相关。而国外在船舶融资方面有所专长的银行均设有专业机构或者专业团队。比如挪威银行，拥有一支100多人的航运金融专业队伍。一般的金融机构缺乏船舶融资方面的专业人才，依靠自身的力量很难在航运市场、船舶建造市场对船舶市场价格、船舶技术状况和国际公约限制等方面作出适当的评估，难以把控有关风险，而专业性银行行业水平高，与船舶经纪人、专业的船舶融资法律机构和船级社合作紧密，防范船舶融资技术、市场和财务风险的手段较多，能针对航运企业的特点和需求，提出切实可行的融资模式。在这样的情况下，参加银团贷款是中小银行开展航运金融业务的理性选择。

小贴士

商业银行的最高级销售阶段，就是销售商业银行的商业智慧，外加一部分融资。告诉客户，客户所在行业标准是什么，商业银行可以帮助它达到这个标准。其实，大部分客户已经脱离需要简单融资的阶段，需要银行能够在企业的经营和发展策略方面提供帮助，能够提供类似相关配套服务的银行才是最高明的商业银行。

附录一　银团贷款业务指引

第一章　总　则

第一条　为促进和规范银团贷款业务，分散授信风险，推动银行同业合作，更好地为重点企业和项目提供融资服务，根据《中华人民共和国银行业监督管理法》、《中华人民共和国商业银行法》、《中华人民共和国合同法》、《中华人民共和国担保法》等法律法规，特制定本指引。

第二条　本指引适用于在中国境内经银监会批准设立并经营贷款业务的银行和非银行金融机构（以下简称银行）。

第三条　银团贷款是指由两家或两家以上银行基于相同贷款条件，依据同一贷款协议，按约定时间和比例，通过代理行向借款人提供的本外币贷款或授信业务。

第四条　银行开办银团贷款业务，应当遵守国家有关法律、法规，符合国家信贷政策，坚持平等互利、公平协商、诚实履约、风险自担的原则。

第五条　银行业协会作为行业自律组织，负责银团贷款市场秩序的自律工作，协调银团贷款与交易中发生的问题，收集和披露有关银团贷款信息，制订行业相关公约等。

第二章　银团贷款成员

第六条　参与银团贷款的银行均为银团贷款成员。银团贷款成员应按照"信息共享、独立审批、自主决策、风险自担"的原则自主确定各自授信行为，并按实际承诺份额享有银团贷款项下相应的权利、义务。

第七条　按照在银团贷款中的职能和分工，银团贷款成员通常分为牵头行、代理行和参加行等角色，也可根据实际规模与需要在银团内部增设副牵头行等，并按照银团贷款相关协议履行相应职责。

第八条　银团贷款牵头行是指经借款人同意、发起组织银团、负责分销银团贷款份额的银行，是银团贷款的组织者和安排者。

第九条　牵头行的主要职责是：

（一）发起和筹组银团贷款，并分销银团贷款份额；

（二）对借款人进行贷前尽职调查，草拟银团贷款信息备忘录，并向潜在的参加行推荐；

（三）代表银团与借款人谈判确定银团贷款条件；

（四）代表银团聘请相关中介机构起草银团贷款法律文本；

（五）组织银团贷款成员与借款人签订书面银团贷款协议；

（六）协助代理行进行银团贷款管理；

（七）银团协议确定的其他职责。

第十条　单家银行担任牵头行时，其承贷份额原则上不少于银团融资总金额的 20%；分销给其他银团贷款成员的份额原则上不低于 50%。

第十一条　按照牵头行对贷款最终安排额所承担的责任，银团牵头行分销银团贷款可以分为全额包销、部分包销和尽最大努力推销三种类型。

第十二条　银团代理行是指银团贷款协议签订后，按相关贷款条件确定的金额和进度归集资金向借款人提供贷款，并接受银团委托按银团贷款协议规定的职责对银团资金进行管理的银行。

代理行可以由牵头行担任，也可由银团贷款成员协商确定。

第十三条　代理行的主要职责：

（一）审查、督促借款人落实贷款条件，并提供贷款或办理其他授信业务；

（二）办理银团贷款的担保抵押手续，并负责抵/质押物的日常管理工作；

（三）制作账户管理方案，开立专门账户管理银团贷款资金，对专户资金的变动情况进行逐笔登记；

（四）根据约定用款日期或借款人的用款申请，按照银团贷款协议约定的承贷份额比例，通知银团贷款成员将款项划到指定账户；

（五）划收银团贷款本息和代收相关费用，并按承贷比例和银团贷款协议约定及时划转到银团贷款成员指定的账户；

（六）负责银团贷款贷后管理和贷款使用情况的监督检查，并定期向银团贷款成员通报；

（七）密切关注借款人财务状况，特别是贷款期间发生企业并购、股权分红、对外投资、资产转让、债务重组等影响借款人还款能力的重大事项时，代理行应在获借款人通知之日起 3 个营业日内按银团贷款协议约定以专项报告形式通知银团贷款各成员；

（八）借款人出现违约事项时，代理行应及时组织银团贷款成员对违约贷款进行清收、保全、追偿或其他处置；

（九）组织召开银团会议，协调银团贷款成员之间的关系；

（十）接受银团贷款各成员不定期的咨询与核查，办理银团会议委托的其他事项等。

第十四条　代理行应勤勉尽责，因代理行行为过失或不作为导致银团利益受损，银团会议有权根据银团贷款协议的约定更换代理行，并要求代理行对相关损失进行赔偿。具体约定可在银团贷款协议等文件中载明。

第十五条　银团参加行是指接受牵头行邀请，参加银团并按照协商确定的承贷份额向借款人提供贷款的银行。银团参加行主要职责是参加银团会议，按照约定及时足额划拨资金至代理行指定的账户；在贷款续存期间应了解掌握借款人的日常经营与信用状况的变化情况，对发现的异常情况应及时通报代理行。

第十六条　担保代理行是指在担保结构比较复杂的银团贷款中，负责落实银团贷款的各项担保及其抵/质押物转让、管理等工作的银行。

第三章　银团贷款发起和筹组

第十七条　有下列情形之一的大额贷款，鼓励采取银团贷款方式：

（一）大型集团客户和大型项目的融资以及各种大额流动资金的融资；

（二）单一企业或单一项目的融资总额超过贷款行资本金余额10%的；

（三）单一集团客户授信总额超过贷款行资本金余额15%的；

（四）借款人以竞争性谈判选择银行业金融机构进行项目融资的。

各地银行业协会可根据以上原则，结合本地区的实际情况，组织辖内会员银行共同确定银团贷款额度的具体下限。

第十八条　银团贷款的发起由借款人或银行等提出。经借款人同意或选定的牵头行，应与借款人谈妥银团贷款的初步条件，并出具载明这些条件的银团贷款预约书。

第十九条　牵头行应按照《商业银行授信工作尽职指引》的要求，对借款人或贷款项目进行贷前尽职调查，并在此基础上与借款人进行前期谈判，商谈贷款的用途、额度、利率、期限、担保形式、提款条件、还款方式和相关费用等，并据此编制银团贷款信息备忘录。

第二十条　银团贷款信息备忘录是牵头行在贷前调查基础上协助借款人编制，并由牵头行分发给潜在参加银行，作为潜在参加银行审贷和提出修改建议的重要依据之一。银团贷款信息备忘录内容主要包括：银团贷款的基本条件、借款人的法律地位及概况、借款人的财务状况、项目的概况及市场分析、项目的财务现金流量分析、担保人/担保物介绍、抵押品物权、风险因素及避险措施、项目的准入审批手续及有权环保机构出具的环境影响监测评估文件等。

第二十一条　牵头行在编制信息备忘录过程中，应如实向潜在参加行披露借款人的全部真实信息，并确保信息备忘录中所包括的资料在实质上是真实、完整和正确的。

第二十二条　牵头行在向其他银行发送信息备忘录前，信息备忘录应经借款人及担保人审阅，并签署"对信息备忘录所载内容的真实性、完整性负责"的声明。

第二十三条　为提高信息备忘录等银团资料的独立性、公正性和真实性，牵头行可聘请外部中介机构如会计师事务所、资产评估事务所、律师事务所及相关技术专家负责评审编写有关信息及资料、出具意见书。

第二十四条　牵头行经与借款人协商，向潜在参加银行发出银团贷款邀请函，并随附贷款条件清单、信息备忘录、保密承诺函、贷款承诺函等文件。银团贷款邀请函是牵头行向潜在参加银行发出的要约邀请，是牵头行代表借款人，按照列示的主要贷款条件，邀请其参加银团贷款的有效法律文件。

第二十五条　收到贷款邀请函的银行应按照"信息共享、独立审贷、自主决策、风险自担"的原则，根据银团贷款信息备忘录的内容，在全面掌握借款人相关信息的基础上作出是否参加银团贷款的决策。当备忘录信息不足以满足潜在银团贷款参加行的审批要求时，可要求牵头行追加提供相关信息或提出相关工作建议乃至直接进行相关调查。

第二十六条　牵头行应根据被邀请行实际反馈的情况，合理确定各银团成员的贷款份额。在超额认购或认购不足的情况下，牵头行可按事先约定的条件或与借款人协商后重新确定各银团成员行的承贷份额。

第四章　银团贷款协议

第二十七条　银团贷款协议是银团贷款成员与借款人、担保人根据有关法律、法规，经过协商后共同签订，主要约定银团贷款成员与借款人、担保人之间的权利义务关系的法律文本。银团贷款协议应包括以下主要条款：

（一）当事人基本情况；

（二）概念及解释；

（三）与贷款有关的约定，包括贷款金额与币种、贷款期限、贷款利率、贷款用途、还款方式及还款资金来源、贷款担保组合、贷款展期条件、提前还款约定等；

（四）银团各成员承诺的贷款额度及贷款划拨的时间；

（五）提款先决条件；

（六）费用条款；

（七）税务条款；

（八）财务约束条款；

（九）非财务承诺，包括资产处置限制、业务变更和信息披露等条款；

（十）违约事件及处理；

（十一）适用法律；

（十二）其他附属文件。

第二十八条　银团贷款成员之间权利义务关系可在银团贷款协议中约定，也可另行签订《银团内部协议》（或称为《银团贷款银行间协议》等）。银团贷款成员间权利义务关系主要包括：银团贷款成员内部分工，权利与义务，银团贷款额度的分配，银团贷款额度的转让；银团会议的议事规则；银团贷款成员的退出和银团解散；违约行为及责任；解决争议的方式；法律法规要求银团贷款成员认为有必要约定的其他事项。

第二十九条　银团贷款成员应严格按照贷款的约定，及时足额划付贷款款项，按照贷款合同履行职责和义务。

第三十条　借款人应严格按照银团贷款协议约定，保证贷款用途，及时向代理行划转贷款本息，如实向银团贷款成员提供有关情况。

第五章　银团贷款管理

第三十一条　银团贷款的日常管理工作主要由代理行负责。牵头行在本行贷款存续期内应协助代理行跟踪了解项目的进展情况，及时发现银团贷款可能出现的问题，并以书面形式尽快通报银团贷款成员。

第三十二条 银团贷款存续期间，通常由牵头行或代理行负责定期召开银团会议，也可由 1/3 以上的银团贷款成员共同提议召开。银团会议的主要职能是讨论、协商银团贷款管理中的重大问题。

第三十三条 银团会议商议的重大事项主要包括：修改银团贷款协议、调整贷款额度、变更担保、变动利率、终止银团贷款、通报企业并购和重大关联交易、认定借款人违约事项、贷款重组和调整代理行等。

第三十四条 贷款到期后，借款人应按期如数归还贷款本息。借款人提前还款的，应至少在最近一个预定还款日的 60 个营业日前通知代理行，并在征得银团贷款成员同意后，根据银团贷款协议所列的相关贷款余额的到期次序，按后到期先还的原则偿还最后期贷款本息。

对借款人提前还款的，银团成员可按提前还款的时间和金额收取一定的违约金。具体收取比例可在银团贷款协议中约定。

第三十五条 银团贷款出现风险时，代理行应负责及时召开银团会议，成立银行债权委员会，对贷款进行清收、保全、重组和处置。必要时可以申请仲裁或向人民法院提起诉讼。

第三十六条 银团贷款存续期间，银团贷款成员原则上不得在银团之外向同一项目提供有损银团其他成员利益的贷款或其他授信。

第三十七条 银行在办理银团贷款业务过程中发现借款人有下列违约行为，并经指正不改的，由代理行负责召开银团会议，追究其违约责任，并以书面形式通知借款人及其保证人：

（一）所提供的有关文件被证实无效；

（二）未能履行和遵守贷款协议所约定的义务；

（三）未能按贷款协议规定支付利息和本金；

（四）以假破产等方式逃废银行债务；

（五）其他按贷款协议约定的违约事项。

第三十八条 银团成员在开展银团贷款业务过程中如有以下行为，经银团贷款会议审核认定违约的，可以对违约银团贷款成员作出违约赔偿处理。情节严重的，应承担法律责任。银团成员之间的上述纠纷，不影响银团与借款人所定贷款协议的执行。

（一）银团贷款成员收到代理行按协议规定时间发出的通知后，未按协议约定时限足额划付款项的；

（二）银团贷款成员擅自提前收回贷款或违约退出银团的；

（三）不执行银团会议决议的；

（四）借款人归还银团贷款本息而代理行不如约及时划付银团贷款成员的；

（五）其他违反银团贷款协议、本业务指引以及其他法律法规、规章制度的行为。

第三十九条 银团贷款成员依据银团贷款协议规定转让贷款的，应当提前通知借款人和代理行。如果银团贷款协议中约定必须经借款人同意的，应事先征得借款人同意。

第四十条 银团贷款成员应定期向当地银行业协会报送银团贷款有关信息。内容包括：银团贷款一级市场的包销量及持有量、二级市场的转让量，银团贷款的利率水平、费率水平、贷款期限、担保条件、借款人信用评级等。

第四十一条 开办银团贷款业务的银行应依据本指引规定，并结合自身的经营管理水平制定银团贷款业务管理办法，建立与银团贷款业务风险相适应的管理机制，并指定相关部门和专人负责银团贷款的日常管理工作。

第四十二条 银行向大型集团客户发放银团贷款，应注意防范集团客户内部关联交易及关联方之间相互担保的风险。对集团客户内部关联交易频繁、互相担保严重的，应加强对其资信的审核，并严格控制贷款发放。

第六章 银团贷款收费

第四十三条 银团贷款收费是指银团成员接受借款人委托，为借款人提供财务顾问、贷款筹集、信用保证、法律咨询等融资服务而收取的相关中间业务费用，纳入商业银行中间业务管理。

银团贷款收费应按照"自愿协商、公平合理、质价相符"的原则由银团成员和借款人协商确定，并在银团贷款协议或费用函中载明。

第四十四条 银团收费的具体项目可包括安排费、承诺费、代理费等。银团费用仅限为借款人提供相应服务的银团贷款成员享有。安排费一般按银团贷款总额的一定比例一次性支付；承诺费一般按未用余额的一定比例每年按银团贷款协议约定方式收取；代理费可根据代理行的工作量按年支付。

第四十五条 银团贷款的收费应遵循"谁借款、谁付费"的原则，由借款人支付。其费用种类和金额由借贷双方协商确定，不得在利率基础上加点确定。

第四十六条 牵头行不得向银团贷款成员附加任何不合理条件，不得以免予收费的手段，开展银团贷款业务竞争，不得借筹组银团贷款向银团贷款成员和借款人搭售其他金融产品或收取其他费用。

第七章 附 则

第四十七条 本指引由银监会负责解释。凡此前公布的有关银团贷款业务规定与本指引不一致的，按本指引执行。

第四十八条 本指引自公布之日起实施。

附录二　银团贷款合作公约

第一章　总　　则

第一条　为推动银团贷款业务发展，分散和防范授信风险，促进同业合作，维护银团贷款市场秩序，银行业协会银团贷款与交易专业委员会（以下简称银团委员会）根据《银行业协会章程》和《银团贷款业务指引》，制定本《银团贷款合作公约》（以下简称公约）。

第二条　本公约适用于银团委员会成员行（以下简称成员行）及其在中国境内（不包括港、澳、台地区）的分支机构采取市场化、商业化运作的银团贷款业务。

第三条　本公约所称"银团贷款"是由两家或两家以上银行基于相同贷款条件，依据同一贷款协议，按约定时间和比例，通过代理行向借款人提供的本外币贷款或其他授信业务。

第四条　成员行愿意按照"利益共享、风险共担、独立审贷、自主决策"的原则，促进银团贷款业务合作，推动银团贷款业务健康发展。

第五条　成员行自觉遵守《银团贷款业务指引》，规范操作银团贷款业务。在银团贷款合作过程中，严格遵守国家有关法律、法规和中国人民银行、中国银行业监督管理委员会等部门颁布的相关规定，确保银团贷款业务的合法合规。

第二章　自律约定

第六条　成员行自觉坚持为单一客户或单一项目提供融资总额超过10亿元人民币或等值外币的，原则上通过组建银团贷款的方式提供融资；为单一客户或单一项目提供融资总额超过30亿元人民币或等值外币的，应通过组建银团贷款的方式提供融资；响应并支持对融资总额在10亿元人民币或等值外币以下且风险较大的融资业务通过银团贷款方式进行；努力推动本公约生效前已形成的总额超过10亿元人民币或等值外币、由两家以上银行向同一借款人发放的单一贷款，逐步通过银团贷款方式予以置换。

第七条 倡导银团贷款牵头行将银团贷款邀请函发至银团委员会在本地区的成员行，为成员行积极参与银团贷款业务创造机会。

第八条 成员行自愿遵守银团收费报价成本收益匹配的原则；银团收费由借款人负担，银团不向参加行收取任何费用；收费参考标准为：安排费原则上按不低于银团贷款总额的0.25%的比例一次性收取，承诺费原则上按不低于未用贷款余额的0.2%的比例每年收取，代理费可根据代理行的工作量按年收取，独立中介费用按有关协议的约定收取。

第九条 成员行叙做银团业务应使用银团委员会统一制定的银团贷款前端文件示范文本和合同示范文本，并在该等示范文本的基础上，结合具体项目的要求和特点，制作贷款合同和其他相关融资文件。

第十条 成员行在不违反各自保密义务的前提下，应按银团委员会制定的《银团贷款业务数据统计报送制度》要求报送相关业务数据，实现信息共享。

第十一条 成员行转让银团贷款份额应遵守《银团贷款业务指引》的规定。转让交易完成后，代理行负责向银团委员会和当地银行业协会进行交易备案。

第十二条 代理行对银团资金管理承担一定义务，应审慎、勤勉、尽职，充分履行代理行职责，保证银团共同利益。

第十三条 银团委员会应根据成员行报备的业务数据定期对牵头行、代理行、银团贷款余额和增长额以及二级市场交易量等进行排名公布。

第十四条 各成员行应组建银团贷款专业化团队，开辟信贷审批快速通道，在有效防范授信风险条件下，提供银团贷款的后台支持和组团效率，并通过建立有效银团贷款考核激励机制来推动银团贷款业务快速发展。

第十五条 鼓励成员行就银团贷款中发生的银行间纠纷向银团委员会提请协调解决，但该协调解决机制并不影响各银团成员就该等纠纷依据法律或相关合同约定所享有的任何权利主张。

第十六条 任何成员行均有义务对银团贷款中发生的违反本公约的行为向银团委员会举报。经银团委员会办公室查实后，提请银团委员会常委会按照本公约第十七条的规定进行相应处理。

第三章 罚 则

第十七条 对违反本公约的成员行，银团委员会将根据相关程序、视违约程度进行以下相应的自律惩戒：

（一）银团委员会对其警示并责令限期整改；

（二）银团委员会对其进行内部通报批评；

（三）银团委员会暂停、取消其银团委员会成员行资格；

（四）建议银行业协会暂停、取消其会员行资格；

（五）报请中国银行业监督管理委员会对其进行监管处罚。

第四章　附　　则

第十八条　本公约自银团委员会全体成员会议审议通过后生效。本公约生效后加入银行业协会银团贷款与交易专业委员会的成员行将被视为承认并受本公约约束。

第十九条　本公约由银团委员会负责解释和修订。

附录三　银团贷款委托书格式

关于：委托［银行名称］作为［贷款安排描述］银团贷款牵头行的函

［银行名称］：

贵行［　　　］年［　　　］月［　　　］日出具的就题述贷款事项（以下简称本贷款）［贷款建议书名称］收悉。

本公司同意接受贵行提出的贷款条件（详见本函附件《［贷款安排描述］条件清单》），并在此委托贵行作为牵头行，组织总额为［币种/金额］的银团贷款。

如在本银团贷款组团期间内（即截至［日期］）各银行所承诺的贷款份额低于本贷款总额，请贵行就本贷款总额与各成员所承诺的贷款份额总额的差额予以承销，以确保我公司的融资计划得以妥善实施。[①]

如在本银团贷款组团期间内（即截至［日期］）各银行所承诺的贷款份额达到或高于［金额/币种］（以下简称基准承诺额）但低于本贷款总额，请贵行就本贷款总额与各成员所承诺的贷款份额总额的差额予以承销。但是，如在本银团贷款组团期间内（即截至［日期］）各银行所承诺的贷款份额不足基准承诺额，则贵行有权宣布本贷款银团组团失败，且就此贵行不需承担任何责任。[②]

银团贷款组团期间，请贵行就本贷款总额中［金额/币种］的贷款额度（以下简称贵行承销额）予以承销，对其他［金额/币种］的贷款额度（以下简称其他承销额）贵行不承担承销责任。但是，如在本银团贷款组团期间内（即截至［日期］）贵行承销额或其他承销额任一方未能予以满足，则贵行有权宣布本贷款银团组团失败，且就此贵行将不承担任何责任。[③]

请贵行尽善意努力安排本银团贷款，选择合适的银行（包括贵行在内）承担贷款。但是，如在本银团贷款组团期间内（即截至［日期］）各银行所承诺的贷款份额低于本贷款总额，则贵行有权宣布本贷款银团组团失败，且

---

① 此表述在牵头行全额承销的情况下采用。
② 此表述在牵头行全额承销的情况下采用。
③ 此表述在牵头行部分承销的情况下采用。

就此贵行不需承担任何责任。

　　本公司在此授权贵行，无须通知或征得本公司同意，贵行即可进行以下工作：

　　（1）选择银团的［副牵头行］代理行和参加行，并决定其在贷款银团内部的分工。

　　（2）制定贷款银团的筹组策略，安排贷款日程。

　　（3）决定聘请律师和相关咨询机构。

　　（4）根据本公司提供的资料，编制信息备忘录、准备及起草贷款合同等有关文件。

　　（5）组织贷款合同及其他相关文件的签字仪式。

　　（6）采取一切贵行认为根据法律、国际融资管理和贵行贷款管理制度要求必要的行动和措施。

　　本公司承诺，自本委托书出具之日起至［日期］，本公司将不就本贷款委托其他金融机构进行债务筹资。

　　本公司承诺，与本次银团贷款安排有关的咨询费、安排费、承诺费、代理费、参加费、杂费等一切费用皆由本公司承担。

　　请贵行在接到本函之日起（　　）个工作日内给予书面回复。

　　本委托书自签署之日起生效。

　　　　　　　　　　　　　　　　　　［借款人名称］（盖章）

　　　　　　　　　　　　　法定代表人/负责人或授权代表（签字）

　　　　　　　　　　　　　　　　［　　］年［　　］月［　　］日

附录四　人民币银团贷款代理行操作指南

第一章　总　　则

第一条　制定本操作指南的目的和依据

为明确银团贷款代理行职责义务，指导银团贷款代理行操作，优化银团贷款贷后管理，防范和化解金融风险，根据《中华人民共和国银行业监督管理办法》、《中华人民共和国商业银行法》、《中华人民共和国合同法》、《中华人民共和国担保法》、《银团贷款业务指引》（银监发〔2011〕85 号）及其他有关法律、法规及规章，制定本规范。

第二条　银团贷款合同

本操作指南中提及银团贷款合同，是指银行业协会推出的银行业协会银团贷款双币种固定资产银团贷款合同示范文本和银行业协会银团贷款双币种流动资金银团贷款合同示范文本，但本操作指南的适用范围不限于采用银团贷款合同为文本的人民币银团贷款。

第三条　合同优先原则

本操作指南应作为国内人民币银团贷款代理行业务规范操作的参照依据。在具体业务实践中，本操作指南与具体交易项下的银团贷款合同的约定有任何不一致的，以银团贷款合同的约定为准。

第二章　代理行的职能

第四条　代理行的概念与职能

（一）根据《银团贷款业务指引》（银监发〔2011〕85 号），银团代理行是指银团贷款合同签订后，按相关贷款条件确定的金额和进度归集资金向借款人提供贷款，并接受银团委托、按银团贷款合同约定进行银团贷款事务管理和协调活动的银行。

（二）代理行根据贷款人的委托，充当银团事务的管理者、操作者和执行人。它既是借款人和贷款人之间的中间联系人，也是各贷款人之间的中间联系人。

（三）从法律层面上来讲，代理行是银团的代理人，其以被代理人的名义，在被代理人的授权范围内行事。代理行在授权范围内进行管理行为的法律后果由被代理人承担，代理行超越授权范围实施行为的法律后果，则应由其自行承担。

（四）应当由代理行享有的权利、履行的各类职责及义务，应由包括借款人、贷款人在内的各银团贷款当事方协商一致后，落实到银团贷款合同中。如银团成员另行达成银团贷款银行间协议的，也可以将代理行的部分权利、职责及义务体现在银团贷款银行间协议中。

第三章　代理行的资质与指定

第五条　代理行的资质

为确保代理行高效、专业地履行职责，有效保障各贷款人和银团的利益，同时出于公允和非关联方等方面的考虑，牵头行和各贷款人可依据以下因素指定代理行：

（一）代理行应与各贷款人联系通畅，以保障银团的利益。

（二）代理行应与借款人联系通畅，代理行的指定可酌情考虑借款人的建议。

（三）代理行应在履行银团贷款合同约定的代理行职责上具有较全的功能和较丰富的经验。

（四）代理行内部应对代理行业务有较为明确的团队分工，能在一定的经营单位层级上设立专业化代理行业务团队，代理行内部能有效区分作为代理行职能的行为和作为贷款人、牵头行的行为。

（五）借款人的附属机构或关联机构不得出任代理行。对于借款人的财务公司担任牵头行或作为贷款人的银团贷款项目，为避免利益冲突，应由具备上述资质的其他金融机构出任代理行。

第六条　代理行的指定

（一）代理行的指定可以采用以下两种方式：

1. 由牵头行在银团的筹备阶段指定，在牵头行发出的银团贷款邀请函的银团贷款主要条件与条款中列明。受邀银行若回复确定作为贷款人参与银团贷款，视同确认对代理行的指定。

2. 由牵头行与其他各贷款人在银团贷款的贷款额度得到所有贷款人承诺

后共同协商指定。

（二）根据具体银团贷款的需要，可以委任一家或多家代理行履行不同的代理职责，且各代理行的指定和职责应在银团贷款合同中明示。

第四章 代理行的主要责任

第七条 代理行责任的范围

代理行的职责可根据《银团贷款业务指引》第十二条关于代理行职责的规定在银团贷款合同及/或银团贷款银行间协议（如有）中进行约定，代理行根据银团贷款合同及/或银团贷款银行间协议（如有）的约定进行具体操作。

第八条 参与文本起草并签署合同

（一）代理行应参与文本的起草和谈判，尽早掌握银团贷款合同及/或银团贷款银行间协议（如有）中与代理行各项职责有关条款的实质性含义，并从银团后续操作的角度向牵头行、借款人提出修改意见或建议，确保银团贷款合同及/或银团贷款银行间协议（如有）相关条款在逻辑上的严密性以及在代理行具体操作上的可执行性。

（二）代理行应作为独立于牵头行、贷款人的签约方签署银团贷款文件。代理行签署银团贷款文件，应获得相应的签字权或转授权，确保其接受银团的指定出任代理行是合法、有效及有约束力的。

第九条 提款准备阶段

（一）对首次提款先决条件的审核

1. 代理行应当在首次提款的准备阶段，负责收集和审核提款先决条件所需的各项文件和证明。该等文件和证明如为复印件的，应加盖企业印章。

2. 代理行应对借款人提交的先决条件文件进行（形式）审核，逐条确定其形式是否符合银团贷款合同约定的要求。

3. 银团贷款合同约定先决条件的满足由各贷款人自行审核和判断的，代理行应在收到首次提款先决条件的文件后，及时向各贷款人转发相应的复印件，并要求各贷款人及时回复其是否接受以上文件的格式和内容，并由代理行按照全体或多数贷款人的决定，认定提款先决条件是否满足；银团贷款合同未约定先决条件的满足由各贷款人自行审核和判断的，由代理行认定提款先决条件是否满足。

4. 借款人首次提款前，银团律师出具法律意见确认银团贷款文件的签署的合法、有效及有约束力以及首次提款的先决条件在形式上符合银团贷款文件的要求，通常应作为提款的一个必要条件。代理行应收集该等法律意见和先决条件确认函。银团贷款合同约定先决条件的满足由各贷款人自行审核和判断的，代理行还应当及时将法律意见书和先决条件确认函转发给每一贷款人。

5. 首次提款先决条件满足后，代理行应立即通知借款人可以发出首次提款通知。代理行应查验首次提款通知的填写是否满足银团贷款合同的要求。

6. 如借款人要求豁免或修改其中部分先决条件，代理行应根据银团贷款合同约定征得多数或全体贷款人的同意。

7. 代理行应妥善保存贷款文件和提款相关资料的原件。

（二）首次提款准备阶段：账户的开立

1. 代理行应在提款准备阶段为银团贷款的操作开立专门的内部账户，并为借款人开立银团贷款账户和还款账户。根据银团贷款合同的规定，代理行还可要求借款人在本行开设用于各类权益质押对应现金回款的账户、作为保证金的账户等，如有特别封闭管理要求的账户，还应执行封闭的、可接受银团监管的监管要求。

2. 代理行应为银团建立一套贷款人台账，负责核算和保存整个银团的本金、利息与费用等资金收付的情况。台账可按照贷款人的机构名称、承诺参贷比例、联系人信息、往来账号、业务发生日期、业务发生类别、适用利率或费率、金额等要素及参数设立，用银行间的往来账形式，核算代理行与各贷款人之间的资金往来，包括每次的提款、还款、付息、展期和付费等。

（三）首次提款准备阶段：提款通知

1. 代理行在收到借款人发出的首次提款通知后，应检查是否符合银团贷款合同约定的格式要求，及时将有效的首次提款通知转发各贷款人。同时，代理行应根据各贷款人的承贷比例，计算并告知各贷款人相应的提款金额。

2. 代理行在贷款协议设定的提款期限之后收到提款通知的，应根据银团贷款合同的约定决定是否继续执行提款通知；若银团贷款合同未作出明确约定的，代理行应通知各贷款人，通常在征得多数贷款人的同意后仍可继续执行提款通知。虽然代理行应在获得积极回应后方能执行，但也可在银团贷款合同中约定一定时间内无回应视做默认。

3. 代理行应根据银团贷款合同约定的方式（包括但不限于传真、信件等）接收提款申请书。

4. 代理行应根据银团贷款合同的约定妥善保存提款通知等相关资料的原件。

（四）对每次提款先决条件的审核

代理行应确认每次提款先决条件的满足。对于银团贷款每次提款，代理行仅需确认借款人满足银团贷款合同规定的每次提款的先决条件。

第十条　提款/还款阶段

代理行应根据银团贷款合同的约定履行提款/还款阶段的管理职责，包括但不限于归集和划拨贷款资金、计算和管理利息期，确定贷款利率并通知借款人和各贷款人，计算利息、逾期利息和罚息，对提款期进行管理，还款管理等。

第十一条　代理行的支付渠道

代理行应遵守下列清算方式。

1. 提款：贷款人应根据代理行的（参贷）通知将各自所承担份额划至代理行指定的账户。除非银团贷款合同有相反的约定，代理行没有代贷款人垫付贷款资金的义务。

2. 支付：代理行应依据银团贷款合同中约定，完成受托支付审核流程后，将款项支付至借款人指定账户中。

3. 还款：代理行在收到借款人支付的任何款项时，应按照贷款合同的约定或多数贷款人的决定，进行及时分配。通常情况下，如代理行只收到部分还款，则应按照贷款合同的约定进行分配。

第十二条　代理行的信息渠道作用

（一）信息的传递与送达

贷款人和借款人之间的信息传递应通过代理行完成。代理行应根据银团贷款合同的约定进行信息传递，包括但不限于向任何其他贷款人转发其收到的任何文件的复印件。

（二）信息的处理方式

代理行应根据银团贷款合同的约定及信息的性质，采取合适的处理方式。

1. 对于银团贷款合同下的大部分信息，如借款人的财务报表，借款人的提款通知等，经审核符合银团贷款合同约定的形式要求的，代理行仅负责传送。

2. 对于借款人豁免银团贷款合同下部分条款的申请，代理行应根据银团贷款合同的约定，征求多数贷款人或全部贷款人的同意。

3. 对于违约事件，代理行获悉后，应立即通知各贷款人。除非被明确告知或银团贷款合同另有明确约定，代理行默认没有违约事件发生。

4. 代理行发现借款人在银团项下有应付未付款项，应立即通知贷款人。通常，代理行发现上述情况应根据银团贷款合同的约定履行职责，包括但不限于作必要的调查并将调查所获取的信息传送给各贷款人。

（三）财务信息的收集和分发

1. 财务信息的收集和分发是代理行作为信息渠道的最重要的职能之一。根据银团贷款合同的约定，借款人应在约定的期限内向代理行提供相关财务信息的，代理行可主动提醒借款人，并将相关信息及时发送至各贷款人。

2. 如银团贷款合同中有财务承诺条款，借款人在提交财务信息的同时，应向代理行提交一份由借款人授权签字人签署的承诺书，证明借款人的财务状况符合财务承诺条款，并提供合理的计算方式。

（四）代理行应对融资方的咨询

代理行需要应对借款人或贷款人的相关咨询（例如确认贷款余额、程序性或技术性问题），如有必要，代理行可保持与第三方（如法律顾问）的沟通，但原则上代理行不负担因咨询第三方产生的费用。

当银团贷款合同产生争议时，代理行无义务对银团贷款合同作出解释。

第十三条　银团贷款合同条款的修改和豁免

（一）修改或豁免申请的提出

1. 借款人提出对合同条款的修改和豁免申请后，代理行应根据银团贷款合同约定的要求审核借款人提交的书面申请，以及是否已经提供各贷款人决策所需的信息资料，如现金流量预测和财务报表等。代理行收到申请后，应及时通知各贷款人要求表决。

2. 贷款人也可以提出对合同条款的修改。贷款人提出修改合同的，应首先通知代理行，代理行收到通知后应及时通知其他贷款人要求表决。修改涉及借款人的，代理行应根据银团贷款合同的约定代表银团与借款人协商修订合同条款。

（二）代理行的判断

1. 对于借款人或贷款人提出的修改或豁免事项，代理行应根据银团贷款合同的规定判断该事项需多数贷款人同意还是需要全体贷款人同意。

2. 银团贷款合同没有明确约定的，或各贷款人和借款人之间存在争议，代理行可向内部法律顾问或外部律师咨询。

（三）表决程序和结果

代理行在收到借款人或贷款人的修改或豁免申请后，应立即通知各贷款人，并要求各贷款人在合理的期限内回复，回复可以书面回执方式提交给代理行。如未能在约定期限内形成有效的表决结果或者经大多数贷款人要求，代理行将延长回复期限，直到形成有效表决结果。

对于由贷款人提出的表决事项涉及借款人和担保人（如有），代理行应将通知抄送借款人和担保人（如有）。最终有效表决结果形成后，代理行应将该结果及时通知各贷款人、借款人和担保人（如有）。

（四）修改生效

如表决结果涉及修改合同条款，则应按合同约定完成修改手续，修改应以书面形式作出，并经各贷款人会同代理行与借款人签署补充协议或其他书面形式后生效。

第十四条　违约事件的处理

（一）代理行在知悉，或被借款人或各贷款人告知违约事件或潜在违约事件后，应立即通知其他贷款人。代理行应在根据银团贷款合同的约定获得多数或全体贷款人的指示后，根据合同约定采取救济措施。

（二）如违约事件非经借款人告知代理行，代理行应通知借款人该项违约事件或潜在违约事件，以便借款人作出确认和解释或者采取补救措施。

第十五条　担保物处理

（一）银团可根据项目情况，单独委任担保代理行，在贷款人得到借款人资产抵押、权益质押设置情况下，负责与担保相关的管理工作，也可委任一家代理行统一承担贷款管理工作和担保管理工作。

（二）担保代理行的工作主要包括：

1. 担保代理行可接受银团委托，代表银团成员行与借款人签订担保合同，并依法办理担保登记。

2. 担保代理行应根据银团贷款合同和担保合同的约定，对担保物的状况进行检查，确保担保人妥善保管、保养和维护好担保物，采取有效措施保障担保物的安全、完整和保险权益（如有）。如担保物需要维修，担保代理行应敦促担保人及时进行相关的维修，费用由担保人提供。

3. 担保代理行应根据银团贷款合同和担保合同的约定监督对担保物的全部或部分处分行为以及处分担保物所得价款的用途，包括但不限于用于提前清偿债务或向银团指定的第三方提存。

4. 根据银团贷款合同及担保合同的约定，可以执行担保合同项下的权利时，代理行应根据约定，就担保事宜进行银团表决（如需），并代表银团成员行执行担保物或者行使担保权利。

第十六条 银团贷款转让

（一）银团贷款的转让应根据银团贷款合同、现行有效的法律法规和监管要求进行。除法律法规另有规定或银团贷款合同另有约定外，任何贷款人（转让方）可以转让银团贷款合同项下的权利或义务，借款人不得转让其在银团贷款合同项下的任何权利或义务。

（二）代理行应根据银团贷款合同的约定及时签署转让证书。

（三）代理行要负责转让登记工作，记录历次银团贷款转让的情况，保有一份当前贷款人的记录清单，并在该清单更新后及时通知合同其他各方。

第五章 代理行的有限职责、责任和权利

第十七条 代理行的有限职责

代理行作为银团的代理人，其职责范围有严格的限定，其主要的职能是根据银团贷款合同服务贷款人和保障银团利益，其应勤勉、守约、尽职、专业地履行约定的各项职责，保证银团贷款各项约定及贷款人的指示与授权得到有效执行，其性质是事务性的。尤其必须明确的是，信贷评估必须由各贷款人独立进行。为明确代理行的有限责任，银团贷款合同一般会明确要求各贷款人确认，其已经并将继续对银团贷款任何一方的财务、资信、业务、法律地位等情况，银团贷款合同项下任何信息的充分性、准确性、完整性，以及与银团贷款合同相关的文本和行为的合法性、有效性、可执行性等承担责任。相应地，针对上述问题及可能存在的风险，代理行均不对贷款人负责。

第十八条 代理行有权信任有关信息

鉴于代理行因其特定的代理身份而在行使其管理职能（尤其是信息传递）

时所可能带来的风险，银团贷款合同一般需明确规定代理行在处理特定信息时具有一定判断权，包括：除非实际知悉相反情形，代理行可以推定，银团贷款各方在银团贷款合同中所作的任何事实陈述是真实的、完整的和准确的；并无任何一项违约事件存续；银团贷款各贷款人均履行其在银团贷款合同项下各自的义务。换言之，除非银团贷款合同明确规定，否则，代理行并无义务去审查或核实此类信息。但是，如果代理行已知悉，或银团贷款合同的任何一方知悉相反情形的存在而通知代理行的，则代理行不仅有权且有义务按照银团贷款合同的规定通知各贷款人。

第十九条　代理行行为的效力

代理行履行职责和发挥其作用，有赖于银团贷款各当事人遵守约定，并与代理行相互配合。除非银团贷款合同及银团贷款银行间协议条款另有规定，代理行根据全体或多数贷款人按照银团贷款合同及银团贷款银行间协议条款的指示而采取的行动，对各贷款人均具有约束力。

第二十条　贷款人的指令

（一）作为对代理行的保护，银团贷款合同规定代理行按照贷款人指令行事的程序和范围，同时也规定，凡代理行依据贷款人指令行事的，其不承担可能发生的法律责任与后果。

（二）银团通常由多个成员组成，作为被代理人的银团对代理行的授权往往比较笼统，因此，代理行在对银团的日常管理中，往往需要依赖于银团经过其决策机制所产生的决定和指令行事。这一决策机制体现在：代理行必须根据多数贷款人或全体贷款人的指令方可采取某一具体行动。这种具体事项的决策机制在各个具体交易中一般由银团成员通过商务谈判达成，并在银团贷款合同的条款中予以体现。

（三）银团贷款合同一般会明确规定须经全体贷款人决策的事项和多数贷款人决策的事项。银团贷款合同中规定必须由全体贷款人同意的事项一般包括：对承贷额、总承贷额、贷款币种、提款期、贷款期限、贷款利率、罚息利率、多数贷款人的概念的变更或对合同修改条款的改变等。

（四）必须明确的是，无论是多数贷款人的指令还是全体贷款人的指令，均需遵循银团贷款合同约定的决策机制，经过决策程序。代理行应当遵循银团贷款合同约定的通知和表决程序，提请各贷款人表决。银团贷款合同可以约定，在各贷款人决定前，由代理行对具体的事项提出一个初步的解决方案。

贷款人应当按照通知规定的方式和期限发表意见并作出指示。在贷款人作出决定后，除非银团贷款合同另有约定，代理行应当依据具体事项的性质而定，按照多数贷款人或全体贷款人的该等决定行事。代理行按照多数贷款人或全体贷款人决定和指令作为或不作为的，代理行不对银团贷款合同的其他方承担任何责任。

第二十一条　费用补偿

代理行履行对银团的管理职责，可通过收取代理费并就其开支获得补偿。根据银团贷款合同，代理行因按照合同规定进行代理行为而发生的或可能发生的全部合理成本、费用、损失、开支（包括律师费）获得补偿。具体的补偿机制可以由各方协商确定，比如，可以约定代理行首先要求借款人作出补偿，如未在约定的期限内获得补偿，则由各贷款人按照其当时在总额度中所占份额的比例向代理行补偿，但因代理行的过失或过错而导致的该等费用应当除外。

第二十二条　代理行的辞职

代理行可以按照银团贷款合同规定的程序辞任。代理行的辞职可以是由代理行主动提出，经通知银团贷款合同各相关方后辞职，也可以经由多数贷款人或全体贷款人经过银团表决后予以撤换。在代理行主动辞任的情况下，银团贷款合同可以约定由多数贷款人委任一家具有相关资质、信誉良好且经验丰富的金融机构作为继任代理行。但是，为不影响银团的日常管理工作，如果多数贷款人没有在该期限内指定继任代理行，则辞职代理行可以自行指定一家合格的继任代理行。银团贷款合同还应当约定在主动辞职和被撤换的情况下，辞职和委任生效的时间，以明确职责的交接。

附录五 协议文本

协议编号：

甲　　　方：A 银行

住　　　所：

法定代表人：

邮 政 编 码：

经 办 人：

电　　　话：

传　　　真：

乙　　　方：B 银行

住　　　所：

法定代表人：

邮 政 编 码：

经 办 人：

电　　　话：

传　　　真：

丙　　　方：

住　　　所：

法定代表人：

邮 政 编 码：

经 办 人：

电　　　话：

传　　　真：

甲乙双方于_____年___月___日签署编号为_____的间接银团协议，鉴于广东省国有资产管理委员会不批准将丙方合法拥有并有权处分的A公司在香港的上市公司B公司的4亿股内资股股权质押登记到乙方名下，间接银团协议第六条中"受让贷款债权的从权利出质人以＿＿＿＿＿号的质押合同项下约定的 A 公司在香港的上市公司 B 公司的 4 亿股内资股股权质押担保也随主债权转让给参加行。代理行和出质人应在参加行支付受让价款前且在本合同签订后 20 个工作日内办理质押登记的变更手续（即解除原质押登记对应的 4 亿股内资股股份，并协助参加行办妥质押登记），并将有关该项登记的质押证明文件交由参加行管理"的规定无法执行。经三方友好协商，达成以下补充协议。

一、丙方继续同意将其持有的 A 公司在香港的上市公司 B 公司的 4 亿股内资股股权作为乙方受让甲方 6.5 亿元贷款的质押物。

二、乙方同意其贷款质押物登记在甲方名下，由甲方负责保管质押物登记证明。

三、由于乙方的质押物无法登记到其名下，甲方仅对自身的 8.5 亿元贷款主张质押的优先权，如果第三方的主张导致乙方质押物遭查封及拍卖，导致乙方质权丧失的，甲方无须承担任何法律责任，丙方对乙方未受偿贷款，丙方负责继续偿还。

四、丙方未按照间接银团协议规定清偿甲方、乙方债务，甲方依法处理质押物，并以所得价款按 1∶1 比例让甲方、乙方受偿。但因本协议第三条规定的情形而导致乙方无法按比例受偿的，乙方不承担任何法律责任。

本协议由双方于＿＿＿＿＿年＿＿月＿＿日签署。

安排行 A 银行于 2008 年 10 月 20 日与借款人＿＿＿＿＿＿签订编号为＿＿＿＿＿＿号的借款合同（以下简称"借款合同"），并于＿＿＿＿＿年＿＿月＿＿日与出质人＿＿＿＿＿＿签订编号为＿＿＿＿＿＿号的质押合同（以下简称"质押合同"）。根据借款合同，应发放贷款人民币＿＿＿＿＿＿万元，安排行已于＿＿＿＿＿年＿＿月＿＿日向借款人发放贷款人民币＿＿＿＿＿万元，贷款余额＿＿＿＿＿＿万元（大写：人民币＿＿＿＿＿＿元整）。该贷款债权由出质人＿＿＿＿＿＿以其合法拥有并有权处分的＿＿＿＿＿＿提供质押方式担保。遵照《中华人民共和国民法通则》、《中华人民共和国合同法》、《贷款通则》、《银团贷款暂行办法》和《银团贷款业务指引》等国家有关法律、法规的规定，安排行、参加行和代理行遵循平等、自愿、公平和诚实信用原则，经安排行与借款人、出质人同意，现安排行同意转让、参加行同意受让借款合同项下部分贷款债权，而经过贷款银团授权，代理行同意承担与贷款债权相关的管理义务，经友好协商达成协议如下。

第一条　概念

除非另有规定，本协议中有关用语的概念与借款合同、质押合同相同，本合同中下列用语的概念如下。

（一）间接银团贷款：指安排行先向借款人发放贷款，并将所形成的债权按照借款合同规定的贷款偿还时间进行拆分，然后将拆分后的债权转让给其他金融机构，从而形成的由安排行与参加行组成贷款银团的贷款。

（二）安排行：将自己经评审并已发放的贷款所形成的债权以一定的价格和条件转让给参加行，从而与参加行依本协议和借款合同的约定共享贷款利益、共担贷款风险的金融机构。在本协议中，安排行为 A 银行。

（三）参加行：指因受让安排行部分债权而成为间接银团贷款成员，依照本协议和借款合同的规定与安排行共享贷款利益、共担贷款风险的金融机构。在本协议中，参加行为银行。

（四）代理行：指在间接银团的授权范围内，根据本协议代表间接银团对贷款进行管理的银行。在本协议中，代理行为华信银行。

（五）间接银团：指同一借款合同下安排行和各参加行的合称。

（六）成员行：安排行和参加行均为间接银团的成员行。

第二条　受让标的

安排行同意转让，参加行同意受让安排行_____号借款合同项下第六章第十二条所规定的：

应于_____年____月____日到期的人民币贷款_____万元（大写人民币_____万元整）及相应的挛息。

依据借款合同，该受让贷款债权应由借款人在到期日一次还本，与该债权相关的贷款利率和利息的结算按借款合同的规定执行。该受让贷款债权由出质人_____以其合法拥有并有权处分的 A 公司在香港的上市公司 B 公司的 4 亿股内资股股权提供质押方式担保。

安排行与借款人所签借款合同要件如下（借款合同作为本合同的附件）。

借款人：_____

借款用途：补充流动资金周转

借款总金额：人民币_____万元（大写：人民币_____元

整）

　　贷款余额：人民币＿＿＿＿＿＿万元（大写：人民币＿＿＿＿＿＿元整）

　　借款期限：＿＿＿＿年＿＿月＿＿日至＿＿＿＿年＿＿月＿＿日

　　首次执行利率：＿＿＿＿＿

　　转让时执行利率：＿＿＿＿＿

　　利率调整方式：随中国人民银行基准利率调整而调整，调整后的利率执行央行公布的 1～3 年（含）档次人民币贷款基准利率。调整日为＿＿＿＿＿。

　　利息计算方式：每季末月的 20 日结息

　　第三条　受让价款及其支付

　　（一）受让价款：参加行为取得受让贷款债权而一次性支付给安排行的与该债权本金相等的金额。

　　（二）受让价款的支付：参加行应于＿＿＿＿年＿＿月＿＿日（贷款债权转让日）将受让价款人民币＿＿＿＿＿＿万元（大写：人民币＿＿＿＿＿＿万元整）以电汇方式划至安排行指定账户内。

　　（三）"贷款债权转让日"是指安排行收到参加行支付全部贷款债权转让价款日，"贷款债权转让日"与借款合同约定的结息日不是同一天的，债务人在下一结息日支付利息时，上一结息日至"贷款债权转让日"（不含当日）的利息归甲方所有，"贷款债权转让日"起至下一结息日期间的利息归乙方所有，甲方应依本合同的约定向乙方支付其应收利息。

　　（四）支付受让价款日在安排行、参加行和出质人成功办理 A 公司在香港的上市公司 B 公司的 4 亿股内资股股权质押登记变更日的当日或下一个工作日。

　　第四条　费用及其支付

　　（一）参加行应向安排行支付银团安排费，安排费的计算公式为：安排费＝参加行受让贷款债权的本金余额×安排费费率×计费天数÷360。安排费费率按 0.01% 计算，安排费按季计收，如一个季度中参加行受让贷款债权的本金余额发生变化，安排费按照参加行受让贷款债权的本金余额实际变化情况分段计收。每季度安排费由代理行在收到借款人归还的借款本息中扣收。

　　参加行最后一笔安排费的支付日为本协议项下最后一笔受让贷款债权的本金回收日。

　　（二）参加行应向代理行支付代理手续费，代理手续费的计算公式为：代理手续费＝参加行持有的受让贷款债权的本金余额×代理手续费费率×计费天数÷360。代理手续费费率按0.04％计算，代理手续费按季计收，如一个季度中参加行受让贷款债权的本金余额发生变化，代理手续费按照参加行受让贷款债权的本金余额实际变化情况分段计收。每季度代理手续费由代理行在收到借款人归还的借款本息中扣收。

参加行最后一笔代理手续费的支付日为本协议项下最后一笔受让贷款债权的本金回收日。

第五条　账户管理

参加行和安排行、代理行通过中国人民银行的清算系统结算资金。

参加行的户名：B银行

账号：

支付系统行号：

支付系统行名：B银行

安排行（代理行）的户名：A银行

账号：

支付系统行号：

支付系统行名：A银行

第六条　受让贷款债权的转移

除非本协议另有规定，自安排行收到参加行支付的全部受让价款之日起，参加行享有受让标的项下的一切权利，承担其一切义务和风险。

安排行应在参加行支付全部受让价款前，将贷款债权拟转让通知书书面通知借款人与出质人，取得借款人和出质人同意本协议项下贷款份额转让、办妥质押变更登记并继续履行义务的书面回执，安排行应向参加行提交该书面通知和书面回执的原件。

受让贷款债权的从权利出质人以_____号的质押合同项下约定的A公司在香港的上市公司B公司的4亿股内资股股权质押担保也随主债权转让给参加行。代理行和出质人应在参加行支付受让价款前且在本合同签订后20个工作日内办理质押登记的变更手续（即解除原质押登记对应的4亿股内资股股份，并协助参加行办妥质押登记），并将有关该项登记的质押证明文件交由参加行管理。

安排行应确保参加行享有上述权利，如果参加行未能按上述约定分享质押权益而遭受损失的，安排行应承担赔偿责任。

第七条 参加行的陈述和保证

（一）参加行是依法成立的金融机构，现持有有效的金融机构法人许可证或者金融机构营业许可证，可以依法从事贷款业务。

（二）参加行为签署本协议所需的内部授权程序都已完成，签署本协议的是参加行的有效授权代表，本协议生效即对参加行具有法律约束力。

（三）参加行签署本协议或履行其在本协议项下的义务并不违反其订立的任何其他协议或其章程，也不会与其订立的其他协议或其公司章程存在任何法律上或（和）商业利益上的冲突。

（四）参加行向安排行提供的资料均真实准确，所提交的复印件均与原件相符。

以上陈述和保证在本协议有效期内始终有效。

第八条 安排行的陈述和保证

（一）安排行为签署本协议所需的内部授权程序都已经完成，签署本协议的是安排行的有效授权代表，本协议生效即对安排行具有法律约束力。安排行承诺已经将全部原借款合同、质押合同及其变更协议复印件以及其拥有的与转让贷款相关的资料提交参加行，上述协议的原件由安排行保留。

（二）安排行签署本协议或履行其在本协议项下的义务并不违反其订立的任何其他协议或章程，也不会与其订立的其他协议或其公司章程存在任何法律上或（和）商业利益上的冲突。

（三）至本协议生效日，安排行未违反其与转让标的相关的任何义务；原借款合同项下不存在任何违约情况，包括但不限于任何到期未付本金或利息。

以上陈述和保证在本协议有效期内始终有效。

第九条 安排行的权利和义务

（一）安排行有权根据本协议从参加行处获得受让贷款债权的受让价款和银团安排费。

（二）安排行应该如实提供贷款项目评审报告等有关借款人的资料。

（三）安排行负责召集并主持间接银团会议（详见第十八条的规定）。

（四）除根据借款合同约定或间接银团会议决议外，安排行不得擅自同意借款人提出的提前或迟延归还已转让贷款债权的要求。

（五）如果中国人民银行有关利率和利息计收的规定发生变化，安排行应据其改变，并及时将该变化通知参加行。

（六）安排行应保证本协议项下转让的债权合法有效并可转让，借款人和出质人签订相关合同时已经履行公司法及其公司章程要求的各项批准程序。

（七）安排行不得将本银团项下贷款债权与借款人的债权直接或间接进行抵消。

（八）如果安排行由于行使其法律权利，获得付款或超过其份额的任何款项，其应通过代理行对该款项进行分配。

（九）安排行占有间接银团贷款的份额，在任意一个偿还截止期限上均不得低于当期贷款余额的 50%。

（十）未经参加行同意，安排行不得擅自对已转让部分贷款与借款人就借款合同条款进行再变更。如需变更，应征得参加行同意，一并和借款人、出质人签署相应协议。

第十条 参加行的权利和义务

（一）参加行在根据本协议向安排行支付受让价款及银团安排费后，有权从安排行获得受让贷款债权，正式成为间接银团成员行。

（二）参加行有权从代理行处获得借款人依借款合同归还的与受让贷款债权相对应的贷款本金及相应利息。

（三）参加行有权参加间接银团会议，主张自己对重大事项的权利（详见第十八条的规定）。

（四）参加行应按本协议约定及时向安排行支付受让价款和银团安排费。

（五）参加行应按本协议约定及时向代理行支付代理手续费。

（六）参加行的受让贷款债权如到期无法得到借款人部分或全部清偿，无权向安排行进行追索。

（七）因受让贷款债权之有关事宜与借款人发生纠纷，参加行通过代理行依借款合同及质押合同的相关规定主张救济，代理行代表参加行主张救济或进行追索时，参加行须应代理行要求及时出具相关授权文件。

（八）参加行通过代理行向借款人收取与受让贷款债权相关的本金和利息，受让贷款债权如到期无法得到借款人部分或全部清偿，参加行通过代理行向借款人、出质人进行追索（包括催收、起诉或提请仲裁等措施），代理行代表参加行主张救济或进行追索时，参加行须应代理行要求及时出具相关授权文件。

（九）参加行通过代理行采取的任何救济措施，安排行如有异议，需提请银团会议对该问题进行表决，代理行依银团会议的最终决议行事。

（十）如借款人不能按时足额归还到期的贷款本息，安排行和各参加行应按各自在该笔同时到期的贷款本息中所占比例受偿。

（十一）除借款合同另有约定外，未经间接银团会议决议，参加行不得擅自同意借款人提出的提前或迟延归还已受让贷款债权的要求。

（十二）仅在受让人一并受让参加行在本协议项下的权利义务时，参加行可以将受让贷款债权再次转让，同等条件下，安排行享有优先回购权。安排行在收到参加行的转让要求后 5 个工作日内不作出书面意见的，视为放弃回购权。

（十三）参加行不得将其受让贷款债权与借款人的债权直接或间接进行抵消。

（十四）如果参加行由于行使其法律权利，而获得付款或超过其份额的任何款项，其应通过代理行对该款项进行分配。

（十五）参加行对安排行向其提供的所有资料负有严格保密义务。

第十一条　代理行的权利和义务

（一）代理行在此接受间接银团的授权，按照公正、公平的原则，恪尽职责，对间接银团贷款项目进行管理。代理行有权根据本协议向成员行收取相应的代理手续费。

（二）受托代理本协议项下间接银团贷款利息的计算、计息凭证的出具和本息的回收。

（三）代理行应在借款人归还与受让贷款债权相关的贷款本息的当日或下一工作日内按银团成员所占比例划归各成员行。

（四）代理行应如实传递借款人、出质人提供的经营及财务等方面的信息，通报贷款本息回收情况，并及时解答各参加行提出的有关受让贷款项目的咨询，接受参加行对受让贷款项目的委托进行管理检查，配合参加行对传递的项目资料及项目管理文件进行核实。

（五）代理行应积极维护银团利益，根据间接银团会议决议及时采取行动，包括司法救济措施等。

（六）代理行应严格执行间接银团会议决议，维护成员行的利益，不得利用代理行的地位损害成员行的合法权益。

（七）代理行有权提出辞职，但需经过间接银团会议表决同意。在获得同意之前，代理行仍然应该履行其应尽的职责。

（八）如参加行因受让贷款债权之有关事宜与借款人和出质人发生纠纷时，代理行应及时依借款合同及质押合同的相关规定为参加行的利益向借款人和出质人主张救济。

（九）如参加行受让贷款债权到期无法得到借款人部分或全部清偿，代理行应及时向借款人、出质人进行追索（包括催收、起诉或提请仲裁等措施）。

第十二条　安排行的违约事件和违约责任

（一）安排行发生违反本协议第八条、第九条和本协议其他约定的任何行为，参加行有权要求安排行限期纠正。安排行未按期纠正的，参加行有权收取其受让贷款债权 0.05% 的违约金。违约金不足以补偿给参加行造成的损失的，参加行有权要求安排行予以赔偿。

（二）由于安排行本协议中作出的任何陈述或保证被证明不正确或具有误导性，使参加行不能全部或部分收取本金和利息，安排行应当承担相应的管理责任，参加行有权要求安排行限期纠正。安排行未按期纠正的，参加行有权要求安排行支付其受让贷款债权 0.05% 的违约金。违约金不足以补偿给参加行造成的损失的，安排行应继续承担赔偿责任。

第十三条　参加行的违约事件和违约责任

（一）参加行在本协议中作出的任何陈述或保证被证明不正确或具有误导性，安排行有权要求参加行限期纠正。参加行未按期纠正的，安排行有权要求参加行支付其受让贷款债权 0.05% 的违约金。

（二）参加行发生违反本协议第十条和本协议其他约定的任何行为，安排行（代理行）有权要求参加行限期纠正。参加行未按期纠正的，安排行（代理行）有权要求参加行支付其受让贷款债权 0.05% 的违约金。违约金不足以补偿给安排行（代理行）造成的损失的，安排行（代理行）有权要求参加行予以赔偿。

第十四条　代理行的违约事件和违约责任

（一）代理行在管理间接银团贷款项目时，未履行本合同第十一条的代理义务的，应承担相应的责任。由于自身过错丧失对借款人、出质人的诉权，给参加行造成损失的，应赔偿参加行的损失。

（二）代理行由于自身原因不按时向参加行支付所回收的贷款本金利息的，参加行有权要求代理行立即划款，并要求代理行支付迟延交付本息额每日 0.05% 的违约金。如果迟延不是由于代理行的原因所致，则代理行只负责向借款人催收，并将实际收回的贷款本息在收到后 5 个工作日内向参加行支付，代理行不负迟延责任。

（三）代理行发生违反本协议第十一条和本协议其他约定的任何行为，参加行有权要求代理行限期纠正。代理行未按期纠正的，参加行有权要求代理行支付其受让贷款债权每日 0.05% 的违约金。违约金不足以补偿给参加行造成的损失的，参加行有权要求代理行予以赔偿。

第十五条　提前还款和贷款缩短

（一）如借款人要求提前还款的，应首先按照借款合同的规定办理。如果借款合同对此没有约定，则需根据本协议第十八条的规定由间接银团会议进行协商作出决议。

（二）间接银团同意借款人提前还款的，应遵循下列原则：安排行占有间接银团贷款的份额，在任意一个偿还截止期限上均不得低于当期贷款余额的 50%。

（三）如果借款人提前还款或因非参加行原因导致参加行持有本协议下贷款的期限短于贷款到期日（经参加行同意的除外），安排行应同时提供经过参加行认可的新的信贷资产进行置换。就用于置换的新的信贷资产而言，其预期收益应满足以下条件：

1. 参加行持有的期限不短于从参加行不再持有日开始，至贷款到期日止的实际天数（即参加行持有资产被缩短的天数）；

2. 参加行收益率水平不低于参加行不再持有日当日的根据本协议约定执行的参加行收益率；

3. 金额不少于参加行不再持有的相应金额。

如果不能根据上述约定达成资产置换协议的，安排行对参加行根据前款预期应获得的全部收益承担赔偿责任。预期收益的计算公式为：参加行持有资产被缩短的天数×参加行不再持有日当日的根据本协议约定的参加行收益率×参加行不再持有的金额/360。

第十六条　借款人逾期还款的处理

借款人出现逾期还款时，还款顺序按照借款合同第十四条规定的清偿顺序执行。借款人所偿还款项不足以清偿同一顺序全部款项的，按各银团成员在该同一顺序款项中所占比例受偿。逾期部分的罚息由代理行按照人民银行有关规定统一向借款人计收，并按逾期贷款的额度在各银团成员行中按比例分配。

第十七条 借款人破产清算的处理

如在借款合同规定的借款期限内，借款人被宣告破产并进行清算，安排行及所有参加行的贷款债权将具有相同的受偿级别。在借款合同及其相关质押合同的范围内，无论安排行和参加行贷款债权到期时间的先后，均按各方所占贷款债权比例同等受偿。

第十八条 间接银团会议

安排行负责召集并主持间接银团会议，每年至少一次。安排行在会议召开前 15 天以电话、传真等适当方式通知各参加行。如安排行认为有必要，可在提前 3 天通知各参加行的情形下，召开临时间接银团会议。会议费用由银团成员行自理。

间接银团会议对贷款管理中出现的重大事项进行协商。重大事项包括：借款人未按借款合同约定要求提前还款；借款人逾期还款、申请调整还款计划或申请展期；借款人破产清算；借款人、出质人或银团成员行出现其他重大违约事件，安排行或参加行认为可能损害间接银团成员利益的情形；代理行的更换。

间接银团会议议定重大事项以各成员行达成一致协议为原则，前款前两项必须由成员行达成一致协议；其余各项如果各成员行无法达成一致协议，则按各银团成员行所受让的贷款余额额度进行投票表决，相关决议在达到成员行所持有的贷款余额额度 2/3 以上通过。间接银团会议决议议定重大事项以外一般事项的，相关决议在达到成员行所持有的贷款余额额度 1/2 以上通过。

第十九条 信息披露

安排行负责向参加行提供与受让贷款债权有关的信息，包括安排行的评审报告及参加行合理要求的有关贷款项目的其他资料。

代理行应如实向银团成员行通报贷款本息回收等有关借款人的情况，并接受间接银团成员行的咨询。但代理行不对借款人提供的所有信息的真实性、准确性、有效性负责。参加行应对借款人的财务状况等情形独立作出判断。

第二十条　保密

未经安排行、参加行、借款人和出质人协商同意，其中任何一方不得向第三方透露本协议及其有关附件的内容。

未经安排行、借款人及出质人同意，参加行不得向第三方泄露间接银团贷款项下的贷款项目、借款人及出质人的信息和财务数据等信息。

第二十一条　协议的变更和解除

如遇国家法律、法规或政策变化，致使本协议的全部或部分条款不再符合国家法律、法规或政策的要求，参加行和安排行应及时协商，尽快修改有关条款。

如因国家法律、法规或政策原因确实无法继续履行本协议，视为不可抗力，双方互不负赔偿责任，但应将具体情况及时通知对方，并协商解决办法。

第二十二条　协议的完整

借款合同、质押合同及借款人、出质人同意借款合同项下贷款债权进行转让的书面文件（如果能签下补充协议）作为本协议的附件。

本协议的附件及对本协议的各项补充、修订或变更，为本协议不可分割的组成部分。

本协议部分条款的无效不影响其他条款的效力。

第二十三条　争议的解决

参加行、安排行或代理行在履行本协议中发生的争议，由各方通过协商解决。无法协商解决的，在安排行住所地人民法院通过诉讼解决。

第二十四条　其他事项

（一）本协议未尽事宜，由安排行、参加行和代理行协商处理，或者按国家有关法律、法规的规定执行。

（二）本协议正本一式两份，安排行（代理行）、参加行各执一份；副本五份，参加行两份，安排行（代理行）三份，另一份由代理行送当地人民银行备案。

第二十五条　合同的生效和终止

本协议自安排行、参加行、代理行法定代表人（负责人）或其授权代表签字（或签章）并加盖各自公章之日起生效，至参加行依本协议的受让贷款债权本息完全清偿之日终止。

附件1. 华信银行与借款人签订的 A112008003 号借款合同

2. 华信银行与出质人签订的 A112008003 号质押合同

安排行（代理行）：A 银行（盖章）

　　　　　　　　　法定代表人（或授权代理人）：（签字）

参加行：银行（盖章）

　　　　　　　　　法定代表人（或授权代理人）：（签字）

签约地点：

附录六　贷款合同样本

合同编号：　　　年银团字第　　　号

江苏安洋大桥工程项目银团贷款合同

本合同由下列各方于_____年____月____日在_____签订。

1. 江苏新黎有限公司是江苏高速集团专为苏州安洋大桥 BOT 项目而组建的项目公司，已经江苏省人民政府国有资产监督管理委员会批复，于 2006 年 10 月 30 日注册登记成立，是本次融资的借款人。

2. 牵头行为 A 银行苏州市分行

法定代表人（负责人）：

地址：

3. 代理行为 A 银行苏州吴中第二支行

法定代表人（负责人）：

地址：

4. 参加行为

法定代表人（负责人）：

地址：

法定代表人（负责人）：

地址：

法定代表人（负责人）：

地址：

法定代表人（负责人）：

地址：

法定代表人（负责人）：

地址：

法定代表人（负责人）：
地址：

法定代表人（负责人）：
地址：

5. 银团参与行由牵头行、代理行和其他成员行组成。

6. 本合同根据《中华人民共和国商业银行法》、《中华人民共和国合同法》、《贷款通则》、《银团贷款暂行办法》和其他有关法律、法规的规定制订。

第一条　概念与解释

1.1　在本合同中，下列术语具有如下含义

1.1.1　借款人是指江苏新黎有限公司。

1.1.2　贷款人是指本合同所列明的各家金融机构组成的银团。

1.1.3　本项目是指苏州安洋大桥工程项目，2005 年 3 月国家发展改革委以"发改投资号"文对该项目进行核准。

1.1.4　营业日是指中国人民银行规定的会计业务的营业日，而非储蓄业务的营业日。

1.1.5　归集账户是指银团专为苏州安洋大桥工程项目贷款的发放、收还本金及利息而在代理行开立的账户，各贷款成员行在履行本合同项下贷款发放义务时，将贷款划入该账户，由代理行归集后划入借款人指定账户。

1.1.6　指定账户是指借款人在代理行开立的账户，借款人通过该账户支用贷款，归还贷款本息。

1.1.7　提款期是指允许借款人支用贷款的期间。

1.1.8　贷款成员行是指本次银团中的任一贷款银行（含牵头行、代理行、参加行）。

1.1.9　多数贷款人是指承诺贷款额度累计超过总额度的百分之五十（50％）的贷款人的总称。

1.1.10　银团会议是指由牵头行、代理行、其他成员行的代表人组成的就本银团贷款事项进行审查、表决的组织。贷款成员行委派其参加银团会议

的有权代理人，可就有关本次银团的任何事项代表其委托人（贷款成员行）发表意见。

1.1.11　项目按期完工是指本项目应在 2010 年 12 月底以前竣工验收。

1.1.12　宽限期是指本项目工程建设期，但最长不超过首次提款日次日起四（4）年，在该期限内，借款人只需支付贷款利息而无须归还贷款本金。

1.2　本合同目录和条款的标题仅为查阅方便，不影响本合同下任何条款的含义。

第二条　贷款基本条件

2.1　贷款总额度

2.1.1　本银团贷款总额度为人民币六十五亿元整（¥6 500 000 000 元），该额度不可循环使用，工程完工财务决算以后，剩余的额度不得再次使用。

2.1.2　各贷款成员在其分配的贷款额度范围内按照其贷款额度的相应比例放款。各贷款成员行具体贷款额度分配见附件一。

2.1.3　各贷款成员按附件一约定的贷款额度的相应比例参与每次放款。

2.2　贷款用途

本次银团贷款仅用于苏州安洋大桥工程项目的建设，不得用于该项目外的任何开支。

2.3　贷款期限

贷款期限为十九（19）年［包括宽限期四（4）年］，自首次提款日始至该首次提款日的第十九个周年日（如遇非银行工作日，则顺延至下一个银行工作日）。

2.4　贷款的提款期和还款期

本次银团贷款的提款期为 2007 年____月始至本项目财务决算完毕之日止，还款期以本合同项下的年度还款计划为准（见附件三）。

2.5　贷款利率和利息

2.5.1　本合同利率确定为在中国人民银行相应档次基准利率基础下浮10%。合同利率实行一期一调整，以季（年/半年/季/月）为一期。第一期的利率确定时间为贷款合同生效日，由贷款人按贷款合同生效日的相应档次的中国人民银行基准利率和双方约定的浮动幅度确定第一期利率，即年利率6.48%，第二期及以后各期的利率确定时间为贷款合同生效日的对应日，由贷款人按贷款合同生效日的对应日的相应档次的中国人民银行基准利率和双方约定的浮动幅度确定当期利率。如遇调整，当月不存在与贷款合同生效日对应的日期，则以该月最后一日为对应日。

分期提款的，一期内无论分几次提款，都按贷款合同生效日或对应日确定的当期利率执行，并在下一期贷款合同生效日的对应日同时调整。

贷款合同生效日的对应日，是指贷款合同生效日满一期之后的相应日期。如贷款合同生效日为某年 5 月 9 日，则以一月为一期的第二期对应日为该年 6 月 9 日；以一季为一期的第二期对应日为该年 8 月 9 日；以半年为一期的第二期对应日为该年 11 月 9 日；以一年为一期的第二期对应日为次年 5 月 9 日。以后各期依此类推。

2.5.2　贷款利息自贷款划入借款人在代理行开立的指定账户之日起计算。本合同项下的贷款按日计息，按月结息、付息，结息日固定为每月的第 20 日，付息日固定为每月的第 21 日（如该日为非营业日，则付息日顺延到下一个营业日），日利率 = 月利率/30。借款到期，利随本清。

2.5.3　本合同履行期间，如遇中国人民银行修改有关规定并应适用于本合同项下借款时，贷款人可按中国人民银行修改后的有关规定及第 2.5.1 条的优惠条件执行，并通知借款人。

2.5.4　按中国人民银行有关规定，对逾期贷款的罚息利率将在原有贷款利率的基础上加收 50% 计收；对不按照合同用途使用贷款的，在原有贷款利率的基础上加收 100% 计收罚息；对于以上逾期或者不按合同用途使用贷款的，自逾期或未按合同用途使用贷款之日起，按罚息利率计收利息，直至清偿本息为止。对不能按时支付的利息，按罚息利率计收复利。

2.5.5　如因国家法律、法规或人民银行规章等有关利率政策变化，导致无法确定本合同第 2.5.1 条约定的利率和本合同第 2.5.4 条约定的复利及逾期利息的，由借款人与贷款人协商确定。如在 30 日内协商不成，贷款人有权停止发放借款人尚未提取的剩余贷款，且宣布已发放的贷款提前到期并收回全部贷款本息。

第三条　提款前提条件

3.1　首次提款前，借款人必须向代理行提交下列文件或办理下列事项。

3.1.1　将贷款卡交由代理行审核。

3.1.2　本合同项下贷款所建项目的有关批复文件，包括立项批文、项目可行性研究报告批复文件、征用土地的证明文件、环保批文或意向性承诺以及项目资金计划安排等。

3.1.3 借款人公司章程的复印件、已经年检的借款人营业执照。

3.1.4 有资格的会计师事务所出具的借款人的验资报告。

3.1.5 生效的建设承包合同、监理合同及工程建设承包方、监理单位的资质证明。

3.1.6 签订收费权质押合同。

3.1.7 借款人书面出具贷款人要求的有效公司文件：

3.1.7.1 公司股东会或董事会贷款决议；

3.1.7.2 贷款人要求的其他书面文件。

3.2 首次提款后的每次提款时，借款人必须满足下列条件：

3.2.1 本合同项下贷款所建项目的相应资本金和其他自筹资金已按规定的时间同比例到位；

3.2.2 已按计划完成工程进度；

3.2.3 未发生本合同规定的违约事件；

3.2.4 出具按规定用途使用贷款的情况报告及有关的财务报表、资料；

3.2.5 按7.3条规定开立账户；

3.2.6 已经提交的提款通知书符合本合同第四条的规定。

第四条 提款

4.1 借款人根据年度提款计划在提款期内提用贷款，并可根据实际工程进度经贷款人同意后进行调整，年度提款计划见附件二。每一提款通知书项下贷款的期限不应长于2.3条约定的贷款期限。借款人每次提款的最少数额为人民币一亿元（￥100 000 000 元），并且提款数必须是人民币一千万元（￥10 000 000 元）的整数倍。

4.2 借款人应在提款前5个营业日向代理行提交不可撤销的提款通知书（格式见附件四）。提款通知书必须指明所提款项的金额、用途、提款日（应为营业日）及期限。

4.3 代理行应在提款通知书规定的提款日前3个营业日向各成员行发出代理提款通知书（见附件五），各成员行应于提款日当日上午十二时（12：00）之前将借款人所提款项根据代理提款通知（格式见附件五）的要求全额划入归集账户。代理行应在提款通知书规定的提款日当日下午五时（17：00）之前将借款人所提款项全额划入其指定账户。

第五条 还款、自愿提前还款、展期及自愿取消未提贷款额度

5.1 还款

5.1.1 银团贷款采取宽限期后借款人于每年第一季度前根据贷款期内项目现金流量情况制订年度还款计划，经贷款人认可后，借款人根据该年度还款计划偿还贷款。

5.1.2 借款人应于 2026 年____月____日前偿还全部贷款本金及利息。

5.2 借款人用于归还本合同项下贷款本息的资金，包括但不限于：

5.2.1 本项目建成通车后收取的车辆通行费；

5.2.2 本项目附属设施经营收益；

5.2.3 其他收入。

5.3 无论借款人作为一方当事人的其他任何合同对其还款资金来源有任何约定，该约定均不能影响借款人在本合同项下还款义务的履行。

5.4 借款人应于本合同约定的结息日或还本日前在代理行开立的指定账户中备足当期应付的利息和本金，并授权代理行于约定的结息日或还本日从借款人该指定账户或借款人在代理行开立的其他账户中划收贷款利息。

5.5 提前还款

5.5.1 自 2011 年____月____日起，借款人按年度还款计划还款后还有富余自有资金时，可于任何一个付息日提前偿还全部或部分贷款。

5.5.2 办理提前还款时，借款人应提前 5 个营业日向代理行提交提前还款通知书（见附件七），具体说明提前偿还的本金金额和还款日期；代理行应在收到借款人上述提前还款通知书后 5 天内，就收到此提前还款通知书予以回复（见附件八），并在回复中列明至该提前还款日止该提前还款通知书中所列的提前偿还部分本金所产生的应付未付利息；借款人收到回复之后，应按回复书载明的利息，与本金一并归还；如借款人未收到该回复，则视为贷款人同意该次提前还款，借款人可在提前还款日偿还该次提前还款的本金，该提前偿还部分本金所产生的应付未付利息应在贷款人给予明确指示后的两个营业日内予以支付。

5.5.3 每次自愿提前还款金额不低于人民币一千万元（￥10 000 000 元）。

5.5.4 借款人不按 5.5.2 条规定的格式填写提前还款通知书或者通知书中未明确偿还何笔贷款，则贷款偿还上自动适用倒序还款原则，即提前还款先偿还最后到期的贷款。

5.5.5　借款人只能以自有资金提前归还银团贷款，未经贷款人同意不允许向任何银行（银团银行或非银团银行）融资提前归还银团贷款。

5.6　展期

5.6.1　借款人不能按还款计划还款时，可以在还款日前30个营业日向代理行提出展期申请（见附件九），代理行收到展期申请后应立即通知贷款人召开银团会议表决，贷款人一致同意后，由代理行在还款日前15个工作日向借款人发出展期回复（见附件十）。

5.6.2　贷款展期后，相应的质押担保期限随之延长，借款人应配合代理行到有关部门办妥质押登记展期手续。

5.6.3　贷款展期时，自展期之日起，按展期日中国人民银行规定的同档次基准利率计息，不再实行2.5.1条规定的在中国人民银行相应档次基准利率基础下浮10%的优惠利率。

5.6.4　如因国家法律、法规或人民银行规章等有关利率政策变化，导致无法按照本合同第5.6.3条规定确定展期利率，则由借款人与贷款人协商确定。协商不成，贷款人有权拒绝展期。

5.7　自愿取消未提贷款额

度在提款期内，借款人可以部分或全部取消未提贷款额度，但应提前15个营业日书面通知代理行，代理行应于收到取消通知后2个营业日内通知各贷款成员。

第六条　支付及付款凭证

6.1　借款人须保证在规定还款日、提前还款日或者付息日的上午十二时（12∶00）之前，指定账户内有足够金额清偿到期的贷款（包括提前还款）本金和利息，由代理行按各贷款成员行实际贷款余额比例，在当日下午五时（17∶00）之前将还款本金和利息划给各贷款成员，并向各贷款成员发送还款支付通知书（格式见附件十一）。

6.2　如因中国人民银行资金汇划资金系统出现问题或其他不可抗力的原因，导致款项无法依照本合同第6.1条在约定的时间划入约定的账户，该未完成划款的贷款人或者代理行应于上述原因消失后立即将款项全额划入约定的账户，并通知收款一方。贷款人、代理行、借款人对由于中国人民银行资金汇划系统问题导致的发放贷款迟延、还款迟延不承担责任。

6.3　由于其他不可抗力或不可归责银团各方的原因，造成资金汇划不及时，代理行及其他银团各方免责。

6.4　借款人应按时向代理行支付在本合同项下的一切款项。如果代理行收到的任何款项少于借款人到期应付的全部款项，则代理行首先用于清偿为实现债权所发生的费用，其次用于归还银团贷款本息和其他应收款项。

第七条　账户监管

7.1　为保证本合同项下的权利、义务的落实，借款人在此不可撤销地委托代理行根据银行账户管理规定和本合同的约定从本贷款合同生效之日起至贷款本息还清之日止对借款人指定账户进行监管。

7.2　账户监管所包括内容

7.2.1　监督借款人专款专用，对非用于本项目的开支（7.3.1.1 除外），贷款人（通过代理行）有权拒付。

7.2.2　在借款人未按约定偿还贷款本息时，贷款人（通过代理行）有权从指定账户中直接划转资金用于归还贷款本金、利息（包括复息、逾期利息、罚息）及贷款人依据本合同而取得的其他债权。

7.3　借款人应在代理行开立指定账户，直至本合同项下贷款本息及贷款人依据本合同而获得的其他债权全部还清为止，不得随意变更账户设置及账户移转。

7.3.1　借款人提取的所有贷款和项目资本金全部存放于指定账户且在建设期内该账户内的资金只能用于以下规定的支出。

7.3.1.1　鉴于在该银团贷款组建前，借款人已经签订部分银行贷款合同，并进行提款，本银团贷款发放后将首先置换该部分已提贷款；

7.3.1.2　按借款人的工程预算应付的有关款项；

7.3.1.3　本合同项下的到期利息；

7.3.1.4　为保证苏州安洋大桥工程项目建成营运需要的其他支出；

7.3.1.5　根据借款人与有关银行以及 13 家中标施工单位签署的三方账户监管协议的规定，依据借款人的指令对上述银行账户的划款。

7.3.2　项目进入经营期之后，借款人收到的所有以下款项均应存入指定账户。

7.3.2.1　项目完工后收取的车辆通行费（包括环胶州湾高速的车辆通行费）；

7.3.2.2　本项目下的保险赔款；

7.3.2.3 借款人收取的工程承包合同、原材料供应合同项下的违约金、赔偿金、定金及其他款项；

7.3.2.4 借款人从任何渠道取得的本项目下的所有其他收入。

7.3.3 借款人承诺，项目经营期内，保证指定账户内的所有资金按以下次序支付下述款项：

7.3.3.1 按借款人的营运预算应付的营运支出；

7.3.3.2 项目必须支付的税金和费用；

7.3.3.3 本合同项下的到期本息及应支付给贷款人的其他任何款项；

7.3.3.4 为吸引车流量，增加营运收入，而增加的配套工程支出。

7.4 借款人发生第十四条有关违约责任，在代理行发出违约通知后（除非该违约通知被收回或撤销），除非用做支付贷款本息及贷款人依据本合同取得的其他债权，否则借款人从指定账户的所有提款均应事先取得代理行的同意。

7.5 代理行为实施本合同约定的账户监管，对借款人非用于本合同项下的款项的支出有权采取正当合法的拒付、限制支出等措施。

第八条 担保

8.1 项目完工后，借款人将依法获得的海湾大桥和环胶州湾高速公路项目收费权益质押为清偿本合同项下债务的担保，就具体担保事项与贷款人签订质押合同并于质押合同签订后办妥质押登记，并承诺该质押担保不因借款人实行承包、租赁、联营、合并、分立、股份制改制、与外商合作、合资等涉及借款人的产权变动或经营方式调整而撤销，或因此影响质押合同的效力。

8.2 借款人用于质押担保的海湾大桥和环胶州湾高速公路项目全部收费权益依照各贷款银行实际贷款比例进行分配，各贷款银行按照实际贷款比例依法分享质押权益。

8.3 当项目不能按期完工时，贷款人有权要求借款人将其所获得的来自建设承包合同、原材料供应合同、保险合同以及本项目项下其他合同的违约金、赔偿金及其他权益/追索权转让给贷款人。

第九条 保险

9.1 鉴于借款人已经与中国人民保险股份有限公司、中国平安财产保险股份有限公司、中国太平洋财产保险股份有限公司、中华联合财产保险公司、华泰财产保险股份有限公司、中国大地财产保险股份有限公司、阳光财产保险股份有限公司、永安财产保险股份有限公司、大众保险股份有限公司、太平保险有限公司、天安保险股份有限公司 11 家保险公司签订编号为_____ _____的建筑工程一切险保险单，并设定借款人为保险的第一受益人，借款人应将保险第一受益人变更为贷款人。

9.2　保险费由借款人承担，保险单正本由代理行保管。

9.3　在本合同有效期内，若项目发生投保范围内的损失而取得相应的赔偿金，由借款人和贷款人协商确定用于项目毁损部分的修复或用于提前清偿本合同项下的贷款本息。

第十条　税款和费用

10.1　按照中国印花税暂行条例的规定，本合同的贷款人作为一方和借款人作为另一方各自缴纳各方应承担的印花税，其中贷款人应缴的印花税由各贷款成员按承诺贷款比例分担。

10.2　借款人应承担本合同项下有关合理费用的支出，包括但不限于公证、评估、登记、催收、公告、律师费等费用。

第十一条　借款人的声明和保证

11.1　借款人保证其是依照中国法律正式登记和有效成立的企业法人，完全有权缔结本合同和履行本合同规定的义务和责任，借款人对本合同的条款已全面认知、理解、接受。

11.2　借款人保证本合同签署时，绝对没有对其构成不利影响的法律诉讼、仲裁和进入破产程序的发生或将要发生。

11.3　借款人保证提交的工程可行性研究报告是经政府主管部门认可的。

11.4　借款人保证无论是签订本合同及有关文件，还是履行其义务和责任或行使其任何权利，都不违反适用于借款人的任何法律、裁决、授权和责任。

11.5　在项目建设期内，借款人若产生成本超支而需要贷款时，由借款人根据所需通过自筹和贷款两种形式按比例解决。其中贷款部分，在多数贷款人同意的前提下，仍在银团内解决，并最终由银团会议研究确定各银团成员行的贷款份额分配比例，以保证项目按时竣工通车。

第十二条　借款人的权利和义务

12.1　借款人的权利

12.1.1　有权要求贷款人按合同约定发放贷款。

12.1.2　有权按本合同约定提用贷款。

12.1.3　有权要求贷款人对借款人提供的有关财务资料以及生产经营方面的商业秘密予以保密，但法律法规和规章另有规定的除外。

12.1.4　借款人只直接面对牵头行和代理行，其他成员行一切业务和行动均须通过牵头行或代理行，本合同另有约定除外。

12.2　借款人的义务

12.2.1　必须向代理行提供有关财务会计资料及生产经营状况资料，包括但不限于每季度第一个月的前 15 个营业日内向代理行提供上季度末的资产负债表、损益表，于次年 4 月末之前向代理行提供经审计的上年度的财务报告，并且对所提供资料的真实性、完整性和有效性负责。

12.2.2　应按本合同约定的用途使用贷款，不得挤占、挪用贷款，并保证资本金与贷款同比例到位。

12.2.3　应积极配合贷款人对其工程进度、生产经营、财务活动及本合同项下贷款使用情况的检查、监督，并按月向代理行提供工程进度报告。

12.2.4　应按本合同的约定按期足额归还贷款本息。在还款期内，每年在足额偿还借款人按年度还款计划当年应偿还的贷款本息前不得分取红利或股息。

12.2.5　借款人和其投资者不得抽逃资金或转移资产，以逃避对贷款人的债务。

12.2.6　借款人在未还清贷款人贷款本息之前，不得在自有资产和收益上设定除本合同约定之外的担保。如借款人自有资产和收益超出贷款金额，而借款人又有偿还本合同项下贷款的能力，经政府部门批准，并征得多数贷款人同意的情况下，借款人可以对超出部分另行担保。

12.2.7　本合同有效期间，借款人发生名称、法定代表人（负责人）、住所、经营范围、注册资本金等事项的变更，应当及时书面通知贷款人。

12.2.8　本合同有效期间，借款人如发生承包、租赁、股份制改制行为（包括引进外资）的，应当提前 15 个营业日书面通知代理行，代理行应在收到通知后 3 个营业日内转通知贷款人。借款人应按贷款人要求落实本合同项下债务的清偿和担保，未按贷款人要求落实本合同项下债务的清偿和担保的，借款人不得进行上述行为。

12.2.9　本合同有效期间，借款人如发生停产、歇业、被注销登记、被吊销营业执照、法定代表人或主要负责人从事违法活动、涉及重大诉讼、仲裁或其他重大经济纠纷、生产经营出现严重困难、财务状况恶化等情形，对其履行本合同项下还款义务产生重大不利影响的，均应立即书面通知代理行；并按贷款人要求落实本合同项下债务的清偿及担保。

第十三条　　贷款人权利和义务

13.1　有权通过代理行要求借款人按照合同约定按时、足额偿还贷款本金和利息、罚息、复利以及所有其他应付费用。

13.2　有权通过代理行或自行了解和查询借款人的资信情况、银团贷款的使用情况和本合同的履行情况以及借款人的工程进度、生产经营、财务活动。有权通过代理行或自行要求借款人提供有关的工程进度报告、计划统计、财务会计报表等文件资料。

13.3　有权要求代理行按照约定的比例和时间指令借款人划付利息和本金。

13.4　按照贷款份额及本合同的约定享有权益和承担风险。

13.5　提议召开并参加银团会议，按照贷款份额行使表决权。

13.6　配合和协助代理行处理与贷款相关的事宜。

13.7　银团贷款由牵头行在银团筹组阶段实行余额包销，即在筹组银团过程中，对于其他贷款人认购贷款份额与本次银团筹资额的差额部分，牵头行应单独承贷，确保银团筹组成功。

13.8　贷款人不得逾越牵头行、代理行对本合同的任何条款作任何形式的增减、变更或调整；不得在本合同之外，相互间达成与本合同相关且违反本合同或损害本合同项下其他贷款人合法权益的任何约定或承诺，已经达成的或已经实施的与本合同相关的任何约定和行为均为无效。

13.9　贷款人应按本合同的约定按期足额发放贷款，但因借款人原因、不可抗力等原因除外。

13.10　对借款人逃避银团监督、拖欠借款本金及利息或其他严重违约行为，有权实施信贷制裁，有权向有关部门或单位予以通报，有权通过新闻媒体实现公告催收。

13.11　对借款人提供的有关其债务、财务、开发销售等方面的资料及情况保密，但本合同另有约定和法律、法规另有规定的除外。

第十四条　违约责任

14.1 违约情形

14.1.1 借款人的违约情形

14.1.1.1 未按贷款人的要求提供真实、完整、有效的财务会计报告、生产经营状况报告、工程进度报告及其他有关资料；

14.1.1.2 未按本合同约定用途使用贷款；

14.1.1.3 未按本合同约定归还贷款本息；

14.1.1.4 自筹资金或资本金未能按工程进度及银团贷款同比例及时到位；

14.1.1.5 拒绝或阻碍贷款人对贷款使用情况实施监督检查；

14.1.1.6 转移资产，抽逃资金，以逃避本合同项下债务；

14.1.1.7 经营和财务状况严重恶化，无法清偿到期债务，已经损害贷款人在本合同项下的权益；

14.1.1.8 所负的其他任何债务已经实质性影响本合同项下对贷款人义务的履行；

14.1.1.9 借款人在本合同中所作的声明和保证不真实；

14.1.1.10 违反本合同其他条款。

14.1.2 借款人其他违约情况

14.1.2.1 借款人的任何其他债务在规定的到期日时未能支付，并且在债权人给出的相应期限内未能纠正，从而实质性地影响借款人偿还贷款本息的能力；

14.1.2.2 任何其他债权人取得借款人的全部或任何部分业务或资产的所有权，或针对借款人任何资产的裁决或判决被强制执行，借款人未提供贷款人认可的担保，从而实质性地影响借款人偿还贷款本息的能力；

14.1.2.3 借款人停止向任何其他债权人支付到期应付款项、不能偿还到期债务，或被宣告无力偿债。

14.1.3 借款人预期中的违约事件（经银团会议决议认定）

14.1.3.1 借款人停止经营其业务的任何重要部分，或处置其资产的全部或任何重要部分，从而实质性地影响借款人偿还本合同项下贷款本息的能力；

14.1.3.2 借款人向贷款人提供的重大承诺未得到切实遵守或履行，或以其资产、收益向贷款人之外的第三方提供任何形式的担保或承诺，但本合同另有约定的除外。

第十五条 转让

15.1 未经全体贷款人一致同意，借款人不能转让本合同项下的权利、义务和责任。

15.2 一家贷款人在通过代理行书面征求所有银团贷款成员、借款人同意后，可以转让其承诺贷款额度以及合同项下的权利和义务，在同等条件下，银团贷款成员有优先受让权，受让人受本合同的约束。

15.3 在银团会议未对借款人作出提前收回贷款的决定之前，任一贷款人不得擅自提前收回其贷款份额。

借款人：江苏新黎有限公司

联系人：

邮政编码：

地址：苏州市李沧区永平路新黎号

电话：

传真：

贷款人（牵头行）：A 银行苏州市分行

联系人：

邮政编码：

地址：苏州市江苏路新黎号

电话：

传真：

贷款人：

联系人：

地址：

邮政编码：

电话：

传真：

贷款人：

联系人：

邮政编码：
地址：
电话：
传真：

贷款人：
联系人：
邮政编码：
地址：
电话：
传真：

贷款人：
联系人：
邮政编码：
地址：
电话：
传真：

贷款人：
联系人：
邮政编码：
地址：
电话：
传真：

贷款人：
联系人：
邮政编码：
地址：
电话：

传真：

贷款人：

联系人：

邮政编码：

地址：

电话：

传真：

代理行：A银行苏州吴中第二支行联系人

邮政编码：

地址：苏州市沧口区四流中路新黎号

电话：

传真：

第十六条　送达时间

16.1　以特快专递方式发送，送达时间为收件人签收之日；

16.2　专人送达，送达时间为收件人签收之日。

第十七条　法律适用、争议解决方式和管辖法院

17.1　本合同适用中华人民共和国法律。

17.2　本合同各方如发生争议、纠纷，当事人各方应协商解决，如协商不成，可采取诉讼方式解决。

17.3　本合同当事人各方同意选择代理行住所地法院为本合同的管辖法院。

第十八条　合同生效

18.1　本合同一式_____份，借款人一份，牵头行、代理行、各贷款成员行各一份，经各方当事人法定代表人（负责人或授权代理人）签字、加盖公章且质押合同签订后生效，至本合同项下借款本金、利息、复利、罚息、违约金及其他应付费用偿清之日终止。

18.2　本合同生效后，除本合同已有之约定外，借贷任何一方都不得擅自变更或提前解除本合同，如确需变更或提前解除本合同，应经借贷双方协商一致，并达成书面协议。书面协议达成之后，本合同继续执行。

附件一：江苏高速集团苏州安洋大桥工程项目银团贷款参与行贷款
　　　　额度分配表

单位：万元

贷款人名称_____

承诺贷款额度合计_____

附件二：年度提款计划

单位：万元

提款时间_____　　提款金额_____

本计划的提款金额只是一个初步估算，具体以年度提款计划为准。

附件三：年度还款计划

单位：万元

还款时间	还款金额
2011 年	6 000
2012 年	12 000
2013 年	22 000
2014 年	30 000
2015 年	30 000
2016 年	50 000
2017 年	50 000
2018 年	50 000
2019 年	50 000
2020 年	50 000
2021 年	60 000
2022 年	60 000
2023 年	60 000
2024 年	60 000

2025 年	60 000
合计	650 000

附件四：提款通知书（第_____号）

A 银行苏州吴中第二支行：

　　根据我公司与贵行及其他贷款成员行于_____年____月____日签署的编号为_____年银团字第_____号的苏州安洋大桥工程项目银团贷款合同，申请提款人民币（大写）_____万元整，贷款用途为_____，提款日定于_____年____月____日，期限为_____，自_____年____月____日至_____年____月____日。请将上述款项划入指定账户中。

　　本提款通知书是上述苏州安洋大桥工程项目银团贷款合同的附件。

　　谨此通知

　　　　　　　　　　　　江苏新黎有限公司（公章）

　　　　　　　　　　　　法定代表人或授权代理人（签字）

　　　　　　　　　　　　　　　_____年____月____日

附件五：代理提款通知书（第_____号）

_____行（参加行）：

　　根据贵行于_____年____月____日参与签署的编号为_____年银团字第_____号的苏州安洋大桥工程项目银团贷款合同以及借款人于_____年____月____日向银行出具的第_____号提款通知书，借款人要求提款人民币_____元整，贷款用途为_____，提款日定于_____年____月____日，期限为_____年____月____日至_____年____月____日，请贵行于_____年____月____日上午 12：00 之前按合同约定贵行的承诺贷款额度比例将人民币_____元整划入归集账户。

　　本代理提款通知书是苏州安洋大桥工程项目银团贷款合同的附件。

谨此通知

A 银行苏州吴中第二支行（公章）

负责人或授权代理人（签字）

_____年____月____日

附件六：代理提款通知书回执（第_____号）

A 银行苏州吴中第二支行：

　　贵行于_____年____月____日向银行出具的第_____号代理提款通知书已经收到，并对借款人此次提款要求、银行应承担的贷款额度及支付时间完全清楚。

　　本代理提款通知书回执是苏州安洋大桥工程项目银团贷款合同的附件。

　　谨此通知

（参加行公章）

负责人或授权代理人（签字）

_____年____月____日

附件七：提前还款通知书（第_____号）

A 银行苏州吴中第二支行：

　　根据_____年____月____日签署的编号为_____年银团字第_____号的苏州安洋大桥工程项目银团贷款合同的规定，本公司计划向贵行提前还贷，并特此不可撤销地通知贵行，提前归还于_____年____月____日到期的银团贷款，还款的本金金额为人民币（大写）_____万元，提前还款日期为_____年____月____日，具体安排按照银团贷款合同第 5.5 条的规定办理。

江苏新黎有限公司（公章）

法定代表人或授权代理人（签字）

_____年____月____日

附件八：提前还款回复书

江苏新黎有限公司：

　　贵公司于_____年____月____日提出的提前还款通知书收悉，要求提前归还于_____年____月____日到期的银团贷款，银行同意上述要求，提前还款的条件按照_____年____月____日签订的编号为_____年银团字第_____号的苏州安洋大桥工程项目银团贷款合同的规定办理，其中，

　　1. 提前偿还的本金金额为人民币（大写）_____万元。

　　2. 至提前还款通知书中确定的提前还款日（_____年____月____日）为止，该提前还款部分本金应付利息为_____。你公司应在该提前还款日（_____年____月____日）将上述款项本息共计_____元汇划至在银行的归集账户。

A 银行苏州吴中第二支行（公章）

_____年____月____日

附件九：关于人民币____亿元银团贷款展期申请书　　第____号

A 银行苏州吴中第二支行：

　　根据_____年____月____日签署的编号为_____年银团字第_____号的苏州安洋大桥工程项目银团贷款合同第 5.6 条的规定，本公司计划向贵行提出对于_____年____月____日到期的贷款展期申请，并特此发出申请书。

　　本次申请展期的本金金额为人民币（大写）_____元，展期期限为_____，展期利率按照银团贷款合同第 5.6 条的规定执行。

　　本公司确认：贷款展期后，上述苏州安洋大桥工程项目银团贷款合同所列的全部条款继续有效。

江苏高速公路集团苏州高速公路有限公司（公章）

法定代表人或授权代理人（签字）

_____年____月____日

附件十：展期申请回复书　　第_____号

江苏高速公路集团苏州高速公路有限公司：

贵公司于_____年____月____日提出的展期申请书，银行同意如下展期安排。

本次申请展期的为_____年____月____日到期的本金金额为人民币_____万元的贷款，展期期限为_____，展期利率按照银团贷款合同第5.6条的规定执行年利率为_____。

A 银行苏州吴中第二支行（公章）

_____年____月____日

附件十一：还款支付通知书

_____行：

江苏新黎有限公司于_____年____月____日偿付苏州安洋大桥工程项目银团贷款合同款项下本金_____元，利息_____元，现按贵行承贷比例支付给贵行本金_____元，利息_____元。

谨此通知

A 银行苏州吴中第二支行（公章）

_____年____月____日

借款人

江苏高速公路集团苏州高速公路有限公司（盖章）

法定代表人（负责人）或授权代理人（签名）

贷款人

A 银行苏州市分行（盖章）

法定代表人（负责人）或授权代理人（签名）

（盖章）

法定代表人（负责人）或授权代理人（签名）

（盖章）

法定代表人（负责人）或授权代理人（签名）

（盖章）

法定代表人（负责人）或授权代理人（签名）

（盖章）

法定代表人（负责人）或授权代理人（签名）

（盖章）

法定代表人（负责人）或授权代理人（签名）

（盖章）

法定代表人（负责人）或授权代理人（签名）

（盖章）

法定代表人（负责人）或授权代理人（签名）

代理行：

A 银行苏州吴中第二支行（盖章）

法定代表人（负责人）或授权代理人（签名）

签约时间：＿＿＿＿＿年＿＿月＿＿日

附录七　银团成员行协议样本

苏州安洋大桥工程项目银团贷款银团成员行协议

牵头行：A 银行苏州市分行

参加行：

代理行：A 银行苏州吴中第二支行

_____年___月

本合同由下列各方于_____年___月___日在苏州签订。

1. 江苏新黎有限公司是江苏高速集团专为苏州安洋大桥 BOT 项目而组建的项目公司，业经江苏省人民政府国有资产监督管理委员会批复，于_____年___月___日注册登记成立。其地址为苏州市李沧区永平路，是本次融资的借款人。

2. 牵头行为 A 银行苏州市分行

法定代表人（负责人）：

地址：

3. 代理行为 A 银行苏州吴中第二支行

法定代表人（负责人）：

地址：

4. 参加行为

法定代表人（负责人）：

地址：

法定代表人（负责人）：

地址：

法定代表人（负责人）：

地址：

法定代表人（负责人）：

地址：

法定代表人（负责人）：

地址：

法定代表人（负责人）：

地址：

法定代表人（负责人）：

地址：

5. 银团参与行由牵头行、代理行和其他成员行组成。

6. 本合同根据《中华人民共和国商业银行法》、《中华人民共和国合同法》、《贷款通则》、《银团贷款暂行办法》、《苏州市银团贷款业务规范》和其他有关法律、法规的规定制订。

第一条　概念与解释

1.1　在本合同中，下列术语具有如下含义。

1.1.1　借款人是指江苏新黎有限公司。

1.1.2　贷款人是指各家金融机构组成的银团。

1.1.3　本项目是指苏州安洋大桥工程项目，_____年___月国家发展改革委以"发改投资［　］号文"对该项目进行核准。

1.1.4　营业日是指中国人民银行规定的会计业务的营业日，而非储蓄业务的营业日。

1.1.5　归集账户是指银团专为苏州安洋大桥工程项目贷款的发放、收还本金及利息而在代理行开立的账户，各贷款成员行在履行本合同项下贷款发放义务时，将贷款划入该账户，由代理行归集后划入借款人指定账户。

1.1.6　指定账户是指借款人在代理行开立的账户，借款人通过该账户支用贷款，归还贷款本息。

1.1.7　提款期是指允许借款人支用贷款的期间。

1.1.8　贷款成员行是指本次银团中的任一贷款银行（含牵头行、代理行、参加行）。

1.1.9　多数贷款人是指承诺贷款额度累计超过总额度的百分之五十（50%）的贷款人的总称。

1.1.10　银团会议是指由牵头行、代理行、其他成员行的代表人组成的就本银团贷款事项进行审查、表决的组织。贷款成员行委派其参加银团会议的有权代理人，可就有关本次银团的任何事项代表其委托人（贷款成员行）发表意见。

1.1.11　项目按期完工是指本项目应在＿＿＿＿年＿＿月底以前竣工验收。

1.1.12　银团贷款代理行费及管理费是代理行代理银团工作，银团成员行所需支付给其的费用。

1.1.13　银团贷款合同是合同编号为＿＿＿＿年银团字第＿＿＿＿号的苏州安洋大桥工程项目银团贷款合同。

1.2　本合同目录和条款的标题仅为查阅方便，不影响本合同下任何条款的含义。

第二条　银团关系的约定

2.1　牵头行、代理行及其他贷款成员确认并同意：

2.1.1　各贷款成员的投票表决权占比等于各自在贷款安排总金额中所占比例。

2.1.2　贷款人共同与借款人签订银团贷款合同，采用同一贷款合同向借款人发放贷款。

2.1.3　贷款成员行参加银团贷款安排遵循自愿协商、自愿认贷的原则；同时，按比例投入，按比例收回贷款，按比例受益，按比例承担相应的费用。

2.1.4　各贷款成员已经谨慎审查借款人通过牵头行提供的用于贷款安排相关的材料；各贷款成员充分了解借款人有义务通过代理行如实向贷款人提供银团贷款所需材料和接受查询，为作出参与贷款安排的决定，各贷款成员已经采取相应步骤、程序以充分了解与贷款安排相关的材料、信息；决定参与苏州安洋大桥工程项目银团贷款安排完全是基于各贷款成员的自行评审。

2.1.5　除本协议及银团贷款合同、银团贷款权利质押合同规定的职责和义务外，代理行再无职责或义务。代理行无须为贷款成员行采取或未采取与本合同有关的任何行动承担责任。

2.1.6　基于银团贷款合同、银团贷款权利质押合同而产生的对借款人的追索权，均应由代理行统一行使，包括但不限于诉讼、仲裁、抵押、扣收等方式。如任一贷款人自行取得借款人在银团贷款合同项下的款项，只要不是通过代理行统一取得并分配的，无论是通过诉讼、仲裁、抵押、扣收或是其他方式取得，都必须将该款项交代理行，按贷款份额在贷款人之间分配。

2.1.7　本协议是经过充分协商后签订，各贷款成员行的负责人或者授权代理人应在本协议上签字，并加盖各自单位的公章。

2.2　银团会议

2.2.1　银团例行会议每半年举行一次，由牵头行负责召集。银团成员行相互通报所了解的项目有关情况，以便于银团的继续维持和发展。

2.2.2　如遇特殊情况须临时召开银团会议，可由代理行、牵头行或3个以上（含）贷款银行提议召开。提议人须提前两个营业日将会议议题发送给牵头行。

2.2.3　例行会议，牵头行须提前3个营业日将会议议程及议题通知各贷款人；临时会议，牵头行须提前1个营业日将会议日程及议题通知各贷款人。

2.2.4　银团会议的决定应采取书面形式，并由各贷款银行法定代表人（负责人）或其授权代理人签字。

2.2.5　以下事项应当通过银团会议并由多数贷款人同意，其决定对所有贷款成员行均具有约束力。

2.2.5.1　宣布借款人违约并依照合同追究其违约责任；

2.2.5.2　认定预期中的违约事件；

2.2.5.3　决定停止贷款；

2.2.5.4　决定取消未提贷款；

2.2.5.5　决定提前收回未到期贷款；

2.2.5.6　决定向借款人提起诉讼；

2.2.5.7　聘请律师；

2.2.5.8　其他重大事项。

2.2.6　下列事项应当通过银团会议并由全体成员行或贷款银行一致同意。

2.2.6.1　修改银团贷款合同或本协议；

2.2.6.2　担保人或担保方式的变更。

2.2.7　对于借款人提出的展期申请，经全体贷款人同意，方可视为通过，贷款银行有义务按照银团贷款比例承担展期部分贷款的份额。

2.3　各贷款成员承诺的贷款义务是独立的，任何一个贷款人不履行或不全部履行其在本合同中的义务都不免除其他贷款人在银团贷款合同以及本协议中的义务。

2.4　任一贷款人未按银团贷款合同约定按期足额发放贷款，对于未提供的贷款额以每日万分之五（0.05%）的比例由违约参与行负责赔偿借款人。

2.5　未经银团会议全体成员行一致同意，银团参与行不得无故中途退出本银团。对银团造成不良影响的，在银团授权委托下代理行保留行使法律追究的权利。

第三条　贷款人的权利和义务

3.1　有权通过代理行要求借款人按照银团贷款合同约定按时、足额偿还贷款本金和利息、罚息、复利以及所有其他应付费用。

3.2　有权通过代理行或自行了解和查询借款人的资信情况、银团贷款的使用情况和银团贷款合同的履行情况以及借款人的工程进度、生产经营、财务活动。有权通过代理行或自行要求借款人提供有关的工程进度报告、计划统计、财务会计报表等文件资料。

3.3　有权要求代理行按照约定的比例和时间指令借款人划付利息和本金。

3.4　按照贷款份额及银团贷款合同的约定享有权益和承担风险。

3.5　提议召开并参加银团会议，按照贷款份额行使表决权。

3.6　配合和协助代理行处理与贷款相关的事宜。

3.7　贷款人不得逾越牵头行、代理行对银团贷款合同的任何条款作任何形式的增减、变更或调整；不得在银团贷款合同之外，相互间达成与该合同相关且违反该合同或损害该合同项下其他贷款人合法权益的任何约定或承诺，已经达成的或已经实施的与银团贷款合同相关的任何约定和行为均为无效。

3.8　贷款人应按银团贷款合同的约定按期足额发放贷款，但因借款人原因、不可抗力等原因除外。

3.9　对借款人逃避银团监督、拖欠借款本金及利息或其他严重违约的行为，有权实施信贷制裁，有权向有关部门或单位予以通报，有权通过新闻媒体实现公告催收。

3.10　对借款人提供的有关其债务、财务、开发销售等方面的资料及情况保密，但银团贷款合同另有约定和法律、法规另有规定的除外。

3.11　有权指出并要求纠正代理行未尽职责和义务或损害其他贷款银行的行为。

3.12　各成员行在接到代理行提款通知书后，必须于提款日当日上午十二时（12：00）之前将借款人所提款项全额划入归集账户。代理行应在提款通知书规定的提款日当日下午五时（17：00）之前将借款人所提款项全额划入其指定账户。

3.13　对代理行履行代理职责所发生的各种费用、任何的资金或损失，按照贷款比例及本协议的约定享有权益和承担风险，但属代理行非履行代理职责而发生的费用不得要求贷款成员行承担。

3.14　任一贷款成员行均应严格执行本次银团贷款的有关约定，不得有损害其他成员行的合法权益的行为发生。

3.15　贷款人按照参贷金额的_____‰主动向代理行支付银团贷款代理行费及管理费。

第四条　牵头行与代理行的权利和义务

4.1　各贷款成员同意由代理行作为贷款人的代理人并不可撤销地授权代理行行使银团贷款合同及本协议授权给代理行的权利、权力和权限。

4.2　牵头行和代理行应按照本协议及苏州安洋大桥工程项目银团贷款合同、苏州安洋大桥工程项目银团贷款权力质押合同的规定及银团会议的决定，勤勉尽责地履行其职责，公平维护各贷款人的利益，不得利用牵头行和代理行的地位损害其他贷款人的合法利益。

4.3　代理行在经银团多数贷款人同意后，可以对借款人的违约行为采取法律措施或程序直到由该违约事件所引起的全部费用、损失得以追回和违约行为被纠正为止。

4.4　代理行不对下列事项负法律责任：

4.4.1　借款人不履行其在银团贷款合同项下的责任和义务；

4.4.2　借款人在贷款合同中的声明、保证及有关资料是不真实的；

4.4.3　银团贷款合同的有效性和强制执行性；

4.4.4　借款人提供的与银团有关的或为银团贷款合同的合法性、有效性、生效、适当或可执行性的任何信息的准确性或完整性。

4.5　代理行职责

4.5.1　确认借款人满足提款先决条件。

4.5.2　代理行应提前5个营业日向各贷款成员发出代理提款通知书（格式见银团贷款合同附件四），通知各贷款成员在规定的提款日当日上午十二时（12：00）之前将其应参与放款的款项全额划入归集账户。各贷款成员收到通知应立即出具回执（格式见银团贷款合同附件五）。

4.5.3　如任一贷款成员行决定不按上述通知划款，应于提款日前3个营业日书面通知代理行，书面通知必须指明拒绝划款的理由。代理行应于接到拒绝划款通知的当日将该贷款人的拒绝意见书面转达牵头行，由牵头行召集银团会议协商解决办法。

4.5.4　严格按照银团贷款合同的有关规定要求借款人及时归还贷款利息和本金、办理全部贷款本金的发放和本息的收回，并将借款人支付的利息和归还的本金于借款人还本付息当日按贷款承担比例划入各贷款成员指定的账户（支付不足时亦同）。

4.5.5　代理银团贷款及本协议签订后的组织与实施工作，监督、检查借款人履行合同情况。

4.5.6　借款人未按时偿还或支付银团贷款合同项下本金、利息、罚息、复利及其他应付费用时，代理向借款人进行催收，确保诉讼时效的合法性。

4.5.7　配合借款人办理银团贷款合同项下公路收费权益质押登记。

4.5.8　对于借款人的违约行为，代理行若发现应及时向各贷款成员行告知，并负责具体向借款人指出，经指出不改的，代理行负责召开银团会议对其作出处罚。银团会议协商后的处罚决定，以书面形式通告借款人。

4.5.9　本银团贷款由代理行负责向银行业监督管理委员会苏州监管局备案。

4.5.10　办理贷款人委托其办理的有关银团贷款的其他事项。

4.5.11　代理行有义务如实向贷款成员行通报银团贷款使用和管理等有关情况，并接受各成员行的咨询和核查。

4.5.12　代理行应尽贷后管理义务，每年向贷款人提交借款人的财务报表等，出具贷后检查报告，向贷款人通报借款人（施工进度、管理层等）的变化情况。代理行出具的贷后检查报告系根据银行有关信贷管理规定作出的，仅供参考，如有疑义，各行可根据3.2条自行落实有关情况。

4.5.13　代理行向银团其他成员收取银团贷款参贷金额_____‰的代

理行费及管理费。

第五条 违约责任

5.1 违约情形

5.1.1 贷款人的违约情形

5.1.1.1 贷款人没有按照银团贷款合同约定按期足额发放贷款;

5.1.1.2 泄露借款人的财务资料和商业秘密。

5.2 违约救济措施

5.2.1 贷款人违约的救济措施

5.2.1.1 某一贷款成员行没有按银团贷款合同约定按期足额发放贷款,则由该违约成员行直接向借款人承担违约责任,按照每日万分之五(0.05%)支付违约金,并承担由此给其他贷款成员行造成的全部损失。

5.2.1.2 若因某一贷款成员行泄露借款人财务资料和商业秘密,给借款人造成损失的,一经核实,则由该违约成员行直接向借款人承担赔偿责任。

第六条 转让

6.1 未经全体贷款人一致同意,借款人不能转让银团贷款合同项下的权利、义务和责任。

6.2 一家贷款人在通过代理行书面征得所有银团贷款成员、借款人同意后,可以转让其承诺贷款额度以及合同项下的权利和义务,在同等条件下,银团贷款成员有优先受让权,受让人受本合同的约束。

6.3 在银团会议未对借款人作出提前收回贷款的决定之前,不得擅自提前收回其贷款份额。

第七条 法律适用、争议解决方式和管辖法院

7.1 本协议适用中华人民共和国法律。

7.2 本协议各方如发生争议、纠纷,当事人各方应协商解决,如协商不成,可采取诉讼方式解决。

7.3 本协议当事人各方同意选择代理行住所地法院为本合同的管辖法院。

7.4 苏州安洋大桥工程项目银团贷款合同以及本项目银团贷款的质押担保合同与本协议具有同等法律效力,其用语的含义与本协议的用语含义一致。

第八条 协议生效

8.1 本合同一式_____份,牵头行、各贷款成员行各 1 份,代理行 3

份，经各方当事人法定代表人（负责人或授权代理人）签字、加盖公章后生效。

8.2　协议有效期自本协议签订之日起至苏州安洋大桥工程项目银团贷款合同项下的本金、利息、费用全部收回为止。

牵头行：

A 银行苏州市分行（盖章）

法定代表人（负责人）或授权代理人（签名）

参加行：

（盖章）

法定代表人（负责人）或授权代理人（签名）

（盖章）

法定代表人（负责人）或授权代理人（签名）

（盖章）

法定代表人（负责人）或授权代理人（签名）

（盖章）

法定代表人（负责人）或授权代理人（签名）

（盖章）

法定代表人（负责人）或授权代理人（签名）

（盖章）

法定代表人（负责人）或授权代理人（签名）

（盖章）

法定代表人（负责人）或授权代理人（签名）

代理行：

A 银行苏州吴中第二支行（盖章）

法定代表人（负责人）或授权代理人（签名）

签约时间：_____年____月_____日

编号：_____年____字第____号

附录八 银团贷款权利质押合同样本

苏州安洋大桥工程项目银团贷款权利质押合同

出质人（以下称甲方）：江苏新黎有限公司

住所（地址）：苏州市沧口区永平路新黎号

法定代表人（负责人）：新黎

质权人（以下称乙方）：A银行股份有限公司苏州市分行

代理行：A银行苏州吴中第二支行

为确保乙方、代理行与借款人江苏高速公路集团苏州高速公路有限公司签订的_____年_____字第_____号苏州安洋大桥工程项目银团贷款合同（以下简称贷款合同）的履行，甲方愿意向乙方提供权利质押担保。甲乙双方经协商一致，订立本合同。

第一条 甲方质押担保的范围为贷款合同人民币（币种）贷款本金65亿元及其利息（包括因借款人违约计收的复利和加收的利息）、违约金、赔偿金以及乙方实现债权的费用（包括但不限于催收费用、诉讼费/仲裁费、保全费、公告费、执行费、律师费、差旅费及其他费用）。

第二条 甲方出质的权利为营运期采用苏州安洋大桥和环胶州湾高速公路收费权。

第三条 甲方应在代理行处开设公路收费专用账户，并将质押期间收取的所有通行费存入该账户。该专用账户是唯一的，未经乙方及代理行书面同意，不得更改或另开立公路收费账户。代理行对专用账户内的资金进行日常监管。

第四条 本合同独立于贷款合同，不因贷款合同无效而无效。如贷款合同无效，甲方仍应以出质权利承担担保责任。

如因甲方过错造成本合同无效，甲方应在质押担保范围内赔偿乙方全部损失。

第五条 本合同担保的贷款合同的履行期限自_____年____月____日起至_____年____月____日止。

第六条　保险

（一）甲方应办妥下列保险事宜：

1. 协助、督促并保证工程建设承包方办理乙方认可的工程建设保险；

2. 在本合同项下公路竣工验收后_____日内，办妥乙方认可的公路财产保险。

（二）上述保险的保险期限不短于主合同项下债务履行期限，保险金额不低于被担保的债权额。

（三）甲方应指定乙方为上述保险权益的第一受益人。保险手续办妥后次日，保单正本应交代理行保管。

（四）在本合同有效期内，甲方应按时支付保费，并履行维持保险的有效存续所必需的其他义务。

第七条　甲方陈述与保证

（一）以合法享有的权利出质，出质行为真实、合法。

（二）负责办理本合同项下有关的评估、公证、鉴定、登记等事宜，并承担全部费用。

（三）甲方是依法设立并合法存续的法人，具备所有必要的权利能力，能以自身名义履行本合同的义务并承担民事责任。

（四）签署和履行本合同是甲方真实的意思表示，并经过所有必需的同意、批准及授权，不存在任何法律上的瑕疵。

（五）甲方在签署和履行本合同过程中向乙方提供的有权管理部门批准的收费文件、有权管理部门同意出质的批文、质押登记证明文件及其他文件是真实、准确、完整和有效的。

（六）甲方保证公路按期建成并投入使用，本合同有效期内能正常运营。

（七）公路收费权是独立的、完整的，不存在任何瑕疵、争议、诉讼（仲裁）或任何未告知乙方的他项权利等情况。

第八条　甲方的义务

（一）未经乙方书面同意，甲方不应将公路收费权出售、赠与、转让、质押或以其他方式加以处分。

（二）公路收费权的价值减少或有减少可能时，包括但不限于保险公司依法不予赔偿或赔款不足以清偿被担保债权时，甲方应及时通知乙方，并按乙方要求提供新的担保。

（三）定期提供财务报表，接受并配合乙方对专用账户及公路运营情况的检查和监督。

（四）履行维持公路收费权的有效存续所必需的义务。

（五）收费标准、收费年限、收费站数量、地址等发生变化时，甲方应及时通知乙方。

（六）在债务人向乙方清偿主合同项下所有债务之前，甲方不向债务人或其他担保人行使因履行本合同所享有的追偿权。

（七）乙方和债务人变更主合同的，甲方仍应承担担保责任。但是，未征得甲方书面同意增加合同金额、改变合同币种、非因法定原因提高利率或延长还款期限的，甲方仅按本合同约定的金额、币种、利率和期限承担担保责任。

第九条　甲方转让出质权利应经乙方书面同意，并将所得款项向代理行所在地公证部门提存，方可以办理权利转让手续。转让权利所得款项，甲方在提供乙方认可的担保后可以动用或者经双方协商提前清偿所担保的债权。若乙方认为甲方拟处分出质权利所得的价款明显低于该权利的价值，甲方应按乙方的要求另行提供相应的担保。

第十条　贷款合同履行期满，乙方未受清偿的，乙方有权兑现或以其他方式依法处分出质权利，并以所得款项优先受偿。

第十一条　甲方发生或可能发生下列情形之一的，应及时书面通知代理行。

（一）实行承包、租赁、联营、合并（兼并）、分立、股份制改造、与外商合资、合作等涉及履行本合同项下义务的产权变动或经营方式调整的；

（二）涉及重大经济纠纷诉讼或经营方式调整的；

（三）出质权利的权属发生争议的；

（四）歇业、被停业整顿、被吊销营业执照，或解散、被撤销、宣布破产的；

（五）法定代表人（负责人）、住所（地址）、经营范围、注册资本（资金数额）、章程等注册登记事项发生变更的。

第十二条　发生下列情形之一的，乙方有权提前兑现或以其他方式依法处分出质权利，所得款项用于优先清偿所担保的债权或向代理行所在地公证部门提存。

（一）甲方违反本合同第十一条（一）、（二）、（四）约定的；

（二）乙方依据贷款合同的约定提前收回贷款，而借款人不及时还款的。

第十三条 本合同生效后，乙方与借款人变更贷款合同涉及本合同登记事项的，甲乙双方应当按有关规定向原登记机关办理变更登记。

第十四条 甲方违反本合同约定，对乙方实现质权造成损害的，应向乙方支付违约金_____万元；如果违约给乙方造成的损失超过违约金的，甲方还应赔偿乙方相应的损失。

第十五条 乙方授权代理行 A 银行苏州市分行李沧二支行负责本合同的履行和代表乙方处理与本合同履行有关的事务。乙方在本合同中的全部权利均由代理行代为行使。

甲方只通过代理行向乙方履行合同，而不单独向乙方各方承担担保责任和履行其他义务。

第十六条 甲方、乙方及代理行在履行本合同中发生的争议，应首先协商解决；协商不成的，则由代理行住所地法院通过诉讼方式解决。

第十七条 本合同由甲方、乙方各质权人及代理行法定代表人（负责人）或其授权代理人签字、加盖公章并依法登记后生效。

第十八条 甲方、乙方及代理行可以就本合同未尽事宜另行约定补充条款作为本合同附件，与本合同具有同等法律效力。

第十九条 本合同一式_____份，甲方、乙方各质权人、代理行、登记机关各执 1 份。

　　　　　　出质人江苏新黎有限公司（盖章）

　　　　　　法定代表人（负责人）或授权代理人（签名）

　　　　　　质权人 A 银行苏州市分行（盖章）

　　　　　　法定代表人（负责人）或授权代理人（签名）

　　　　　　　　　　　　　　　　　　　　　　（盖章）

　　　　　　法定代表人（负责人）或授权代理人（签名）

　　　　　　　　　　　　　　　　　　　　　　（盖章）

　　　　　　法定代表人（负责人）或授权代理人（签名）

　　　　　　　　　　　　　　　　　　　　　　（盖章）

　　　　　　法定代表人（负责人）或授权代理人（签名）

（盖章）

法定代表人（负责人）或授权代理人（签名）

（盖章）

法定代表人（负责人）或授权代理人（签名）

（盖章）

法定代表人（负责人）或授权代理人（签名）

（盖章）

法定代表人（负责人）或授权代理人（签名）

代理行 A 银行苏州吴中第二支行（盖章）

法定代表人（负责人）或授权代理人（签名）

签约时间：_____年___月___日

附录九 贷款承诺函样本

华信银行武汉分行：

贵行关于武汉市江夏区北通道市政工程项目银团贷款的邀请函及各附件材料已收悉。

本行非常荣幸参加由贵行作为牵头行所组织的贷款银团，为借款人提供贷款支持。本行接受本贷款条件清单所列的各项贷款条件，并就本贷款承诺（币种/金额）＿＿＿＿＿＿的贷款份额。

本行确认，本行决定参加本贷款银团并出具本承诺函系基于本行对借款人财务资料等相关材料及信息所进行的独立调查和评估，本行所作出的决定并不依赖于贵行。

本行知晓并同意，本行就本贷款的贷款份额最终取决于贵行与借款人之间的协商确定，贵行有权根据本贷款银团的组团情况决定调减本行的贷款份额或决定宣布组团失败，贵行无须就此向本行承担任何责任。

银行在此郑重声明，只有在就本银团贷款签署正式的银团贷款合同并且在借款人满足该合同项下的全部先决条件后，银行才有义务履行贷款承诺，向借款人提供本银团贷款项下的贷款款项。

顺颂商祺！

（贷款人名称）（盖章）
法定代表人（或授权代表）：（签字）
＿＿＿＿＿年＿＿月＿＿日

附录十　银团贷款条件清单样本

借款人：武汉市江夏区新黎局

举办单位：武汉市江夏区人民政府

贷款币种：人民币

贷款额度：13 亿元（大写：人民币壹拾叁亿元整）

贷款用途：武汉市江夏区北通道市政工程项目的建设

贷款种类：固定资产项目贷款

贷款期限：5 年（60 个月）

担保方式：借款人信用保证担保，武汉市江夏区本级财政安排项目还本付息资金，并列入同期年度财政预算

贷款牵头行：C 银行武汉分行

贷款人：由牵头行与借款人协商后，根据所达成的贷款人参与的最低金额而确定的银团参与行

融资完成日：贷款文件签订之日

提款期：全部银团贷款自银团贷款合同生效后的 60 个月内视借款人需要分次提取完毕

还款：根据借款人提款时所签订的具体合同约定而定

利率：按提款当日的中国人民银行规定的同期贷款基准利率执行

利息期：按季度结息

结息日：每个季度最后一个月的第 20 日

安排费：安排费按银团贷款总额的 2.5‰计算，由且仅由牵头行收取。银团贷款合同签订生效后 20 个工作日内，一次性支付到牵头行指定账户。

承诺费：承诺费由牵头行和各参加行根据其未发放贷款额每年收取一次。承诺费计算公式为牵头行和各参加行应收取承诺费金额 = 牵头行和各参加行计算基准日的未发放贷款额 × 2‰。计算基准日为每年的 1 月 10 日。支付方式为每一计算基准日后的 20 个工作日内，由借款人一次性支付到牵头行所指定账户后，由牵头行按银团份额比例划至各参与行指定账户。

自愿提前还款：在提前 5 个工作日给予贷款代理行书面通知后，借款人

可以在该笔贷款的还款日之前的任何一个营业日提前偿还全部或部分贷款，提前还款没有任何罚息，但部分还款时的还款数额必须是人民币 1 000 万元的整倍数。

首次提款的先决条件：

签署并交付令贷款牵头行满意的先决条件文件，包括董事会决议或其他证明已获得公司批准本次融资的文件；已获得固定资产项目的相关批复文件，如项目立项批复、可研批复、用地批复、环评批复等。

每次提款的先决条件：

1. 根据贷款协议中设定的程序及时提交提款通知书；

2. 所有的陈述和保证在提款当日都是有效的；

3. 没有违约事项存在，也不会因为本次提款而造成违约事件的发生。

一旦满足上述条件，贷款日应根据借款人的提款通知书所述的日期及金额发放贷款。

陈述和保证：

1. 借款人有能力和授权签署相关协议；

2. 对贷款协议的签署、递交、履行不违反法律、借款人的章程或现存重大协议；

3. 根据中国法律确认贷款文件的合法性、有效性、约束力和可执行性；

4. 不存在重大未决法律诉讼和司法调查，且其结果可能在融资完成日或首次提款日对借款人产生重大不利影响；

5. 财务报告反映该财务报告编制之日借款人的财务状况的完整性和真实性，贷款人声明并同意，对财务报告的后续修改本身不应当视做原财务报告在其编制日及其表述的期间内，未能完整或真实反映借款人的财务状况及表现；

6. 没有严重影响借款人履行其在本协议项下义务或违反法律的强制性规定或借款人其他重要协议的行为。

借款人承诺：

1. 本次融资贷款与其他正常类贷款处于同等地位。

2. 限制抵押，借款人不得在其全部或者主要资产或主要收益上设定或允许存在以任何人（贷款人除外）为受益人的任何担保，但在本合同签署前已书面向贷款人披露抵押的除外。

3. 不与股东或其拥有的子公司进行对借款人的还款能力会产生重大不利影响的商业交易。

4. 在借款人的主要财产上维持与拥有、经营类似资产并从事类似业务的类似情况的公司所通常采用的商业惯例相符的方式并根据前述公司通常采用的条件保险和再保险。

5. 全力保留所有必需的重要的会对借款人履行本协议项下义务产生重大影响的许可、允许、商标、专利和其他知识产权的所有权或使用权。

6. 保留公司的账簿及其他记录，在不影响借款人正常经营且提前通知并取得借款人同意后的情况下，允许贷款人的适当检查，但贷款人应当对因此而知晓的信息负保密责任。

7. 遵守相关法律、行政法规的强制性规定。

8. 借款人在订立本协议时不存在任何重大欠税，包括但不限于营业税、所得税、增值税和关税，但尚未到期或正通过适当的法律程序诚意提出争议的除外。

9. 维持所有运营所需的执照，但无法拥有这些执照不会对借款人履行本协议项下的义务产生重大不利影响的除外。

10. 借款人在以下情形下不得向其股东支付红利。

（1）借款人发生违约事项，并且该违约事项在该时继续存在，并对借款人的还贷能力造成重大不利影响；

（2）该等支付将造成对本协议的重大违约事项的发生。

11. 除协议所允许的正常商业交换和例外情况之外，借款人不得以显失公平的市场价格来进行会对借款人履行本协议义务的能力造成重大不利影响的其重大财产的出售或租赁。

12. 不得参与任何并购行为，除非本贷款文件中允许，或除非符合以下条件。

（1）合并后的存续实体必须无条件地履行借款人在本贷款文件中的义务，继续执行本项目，其净资产不得少于借款人在该合并交易前的数额；

（2）不存在违约事项，也不会由于该交易而产生违约事项。

13. 在每半个会计年度终后60天内递交半年度的内部财务报表，在每一个会计年度终后90天内递交经审计的年度财务报告。若借款人有任何根据中国会计准则需要合并报表的从属机构，则应提供合并的财务报表。

违约事项：

双方同意借款人仅在出现以下行为，构成对本协议的违约（"违约事项"）。

1. 无力支付本贷款协议项下的到期本金或利息；

2. 严重违反陈述或保证条款；

3. 出现清算、破产、重大债务重组或者借款人资不抵债等情况；

4. 因借款人的过错，导致贷款协议条款不可执行或因此而导致的借款人行为的违反法律或行政法规的强制性规定；

5. 借款人其他重大债务到期或宽限期届满时无力偿还该债务以至于严重影响借款人履行其在本协议项下义务的能力。

违约事项的处理：

如果上述违约事项发生，有关的贷款牵头行将按照绝大多数贷款人的指令，声明所有已提贷款立即到期，或见索即付，或声明所有未提贷款额度均被取消，并追偿已发放的所有贷款和追索提供担保的任何担保人。

借款人必须独立地对所有与贷款协议有影响或相关的情况作出决定并进行表决。

适用法律：

中华人民共和国法律

武汉市江夏区新黎局

_____年___月___日

附录十一　银团贷款信息备忘录样本

第一条　免责声明

华信银行武汉分行受借款人——武汉市江夏区新黎局的委托，作为牵头行和代理行为借款人组织总金额为人民币13亿元（大写：壹拾叁亿元）的银团贷款，特准备以下信息备忘录。

本备忘录中的信息和资料全部是由牵头行根据借款人提供的资料编制的。借款人已经向牵头行确认，其向牵头行提供的资料以及本备忘录在实质上是真实的、完整的、准确的。除非另有说明，牵头行没有独立对备忘录中的资料作说明或评论。牵头行未曾独立地加以审核，也未曾核实本备忘录中的资料是否已包括所有与本次融资有关的重要情况。牵头行对备忘录内容的真实性、完整性和准确性不作任何保证，备忘录的制定并不意味着备忘录的内容在今后任何时间都是准确的。

本备忘录不应被视为牵头行就借款人的资信或其他预测提供的唯一基础资料，也不应被理解为牵头行推荐所有收到该备忘录的银行参加本次融资事宜。本备忘录仅供愿意参加银团的银行决策参考，在作出参与银团的决定前，贵行应独立对借款人进行贵行认为参加本次融资事宜所必需的调查和评估。

本备忘录的内容是保密的，在未征得借款人的同意前，不得向任何第三方泄露部分或全部内容，不得复制，也不得用于其他任何目的。

第二条　贷款的基本条件

（1）借款人：武汉市江夏区新黎局。

（2）借款项目：武汉市江夏区北通道市政工程。

（3）贷款总金额：人民币13亿元（大写：壹拾叁亿元）。

（4）贷款期限：5年（60个月）。

（5）贷款利率：本银团贷款利率按中国人民银行公布的同期贷款基准利率执行。银团贷款利率的调整，由借款人、牵头行和各参加行协商确定。

（6）贷款用途：武汉市江夏区北通道市政工程项目的建设。

（7）担保方式：借款人信用保证担保，及武汉市江夏区本级财政安排项目还本付息资金，并列入同期年度财政预算。

（8）贷款牵头行：华信银行武汉分行。

（9）贷款人：由牵头行与借款人协商后，根据所达成的贷款人参与的最低金额而确定的银团参与行。

第三条　借款人及借款项目概况

（一）借款人

1. 项目法人简介

武汉市江夏区新黎局自2006年4月17日成立，法人代表新黎，归属于武汉市江夏区人民政府的行政事业性单位，下设人秘科、前期计划科、技术管理科、合同管理科、综合财务科、合同科、建筑一科、建筑二科、市政一科、市政二科、土地开发中心等科室。

2. 业务范围

负责江夏区全区固定资产（公共设施）投资建设工程项目的前期准备、组织实施和监督管理工作，负责全区经济适用房及其他政策性住房建设的组织实施和监督管理工作。

3. 财务状况

截至2010年2月借款人总资产252.80亿元，基建拨款合计为156.33亿元，在建工程138.07亿元，货币资金2.53亿元。

（二）项目

1. 项目建设内容

北通道市政工程起点于龙翔大道水官高速江夏收费站，全长13.34公里。按城市快速路标准设计，道路红线宽度80米，主线为双向六车道，主线两侧根据道路两侧征地情况设置辅道。机动车道采用SMA路面，根据地质条件的不同，路面结构总厚55~78厘米，局部93厘米。

该项目主要建设内容包括：①道路工程：新建机动车道道路面积约534 602平方米，人行道面积约119 708平方米。②桥梁工程：新建龙翔立交桥、体育馆备用跨线桥、如意路跨线桥、看守所路跨线桥、龙平路立交桥、回龙河桥、龙城北高架桥等12座桥梁，桥梁面积130 905平方米。③隧道工程：新建大岭鼓隧道、竹篱晒隧道2座，隧道总长1 815米（单洞），隧道内布置消防、供配电、照明、通信和监控等设施。④给水工程、雨水工程、防洪工程、污水工程，以及明渠等。⑤电力通道、电信通道、照明工程：新建1.0×1.0、1.2×1.2、2×1.2×1.2、2×1.4×1.4隐蔽式动力电缆沟9 235

米，复合玻璃钢管共长 61 460 米，电信管共长 283 100 米，160kVA 箱变 1 座、125kVA 箱变 5 座、110kVA 箱变 4 座、各类路灯 1 168 套。⑥燃气工程：铺设三层 PE 夹克钢管共 6 500 米，聚乙烯燃气管共 6 023 米。

此外，全线还设置交通标志、标线、诱导设施、交通安全设施、交通监控及部分智能交通工程设施等，并进行绿化工程设计。

2. 项目建设的必要性

北通道市政工程是武汉市及江夏区快速路网体系中重要的组成部分，该项目的实施对于完善武汉市及江夏区骨干路网体系、实现江夏区过境交通与城市交通分离、改善江夏西区投资环境、分流深惠公路交通具有十分重要的作用，其建设是必要的。

3. 项目总投资及其构成

北通道市政工程预计总投资为 151 344.46 万元。其中建筑安装工程费用合计 134 336.47 万元，占比 88.76%；工程建设其他费用合计 9 801.11 万元，占比 6.48%；预备费 7 206.88 万元，占比 4.76%。

在总投资 151 344.46 万元中，国土基金拨款 22 000 万元，财政拨款 9 344.46 万元，银行借款 120 000 万元。

4. 项目建设进度计划

本项目于 2006 年 6 月完成开工前期工作及开展征地、拆迁工作，2011 年 3 月竣工，工期 5 年。

5. 项目还款资金的来源

项目还款资金的来源主要为江夏区财政给予武汉市江夏区新黎局的基建拨款，用于偿还贷款本息。

附录十二 银团贷款邀请函样本

致 D 银行武汉分行：

　　C 银行武汉分行根据武汉银监局规范政府融资平台的指示精神，并受武汉市江夏区新黎局委托，支持武汉市江夏区北通道市政工程项目的建设，牵头组织总额为人民币 12 亿元（大写：壹拾贰亿元整）、期限为 5 年、利率按照人民银行 5 年以上基准利率执行的银团贷款。

　　C 银行武汉分行作为牵头行和代理行，邀请贵行参加该银团贷款。银团贷款的基本条件如随附的银团贷款条件清单所述，但最终以银团贷款合同为准。银团贷款的承担额分别如下：

　　牵头行：C 银行武汉分行：8 亿元（大写：捌亿元整），贷款比例为 66.67%；

　　参加行：4 亿元（大写：肆亿元整），贷款比例为 33.33%。

　　如贵行有意参加本银团贷款，请于 7 月 20 日前回复银团贷款承诺函。

　　联系人：

　　联系电话：　　　　　　　　传真：

　　地址：

C 银行武汉分行

_____年___月___日

立金银行培训中心名言

1. 想要创新，就要知道市场趋势的变化。银行现在需要大量的懂证券、保险、信托、租赁等混业经营的人才，因为对客户的服务，已经不像过去那样简单。客户经理不仅要能看懂企业的财务报表，而且要能判断客户商业模式好在哪儿，不足在哪儿，大型集团你能否将其优化，因为它不单有银行融资方面的需求，还有上市的需求。

2. 银行是通过存款、贷款、汇兑、储蓄等业务承担信用中介的金融机构。银行不仅具有资金配置的功能，同时也是一个资信平台。因此，基于金融基础之上的非金融或类金融服务的延伸，并不与银行的本质或现行监管制度相悖。

3. 最有效的营销方法就是培训客户。首先对客户进行思想动员，进行思想培训，让对方接受你的思想，然后再销售你的产品就会非常容易。站在客户的利益角度来告诉客户，他应该使用哪些金融产品，应该如何融资，应当建立怎样的融资结构，而你正好有其需要的金融服务方案。

4. 银行一定要去抓基本结算账户，抓企业的主要结算账户。一旦企业的主要结算账户，尤其是其往来结算的收款账户指定某家银行，就相对固定，很难改变，而且此账户流水量极大，沉淀的多是活期存款。所以，银行必须在企业成立之初就及时切入，搞定工商局验资转化，搞定企业开立的第一个结算账户，这往往是主要收款账户。

5. 公开授信要以内部授信为基础，即对于公开授信客户，要先施行内部授信，在核定的最高综合授信额度内，核定公开授信额度，实施公开授信。

6. 必须坚持严授信、宽用信的原则，即严格把握准入条件，严格按程序和权限进行审批，而对于经过审批施行公开授信的客户，要简化办贷手续，提高办贷效率，方便客户用信。

7. 授信不做，存款不稳；方案不佳，收益不丰。给客户不做授信业务，不会有可观的存款；如果设计的授信方案不合适，不会有可观的存款。

8. 表外业务做存款，表内业务做利润。通过做表外业务，拉动负债业务，通过做表内信贷业务，提高利润。

9. 银行给企业提供的是组合产品套餐，解决的是企业的资金短缺问题，至于是何种产品，客户通常不会太在意，尤其是在客户处于弱势的时候更是如此。银行要根据自身的利益取向来选择销售产品。银行需要存款的时候销售银行承兑汇票，需要利润的时候销售贷款。银行要争取在解决客户资金短缺问题的同时，解决自身的收益问题。毕竟，在商言商，银行也需要赚钱谋生。

10. 优秀银行客户经理的共同素质：对新事物非常感敏，能够快速接受新事物；有极强的判断能力，能够对自己有用的东西作出快速判断；有极强的学习模仿能力，对新知识能够很快消化吸收；金融专业意识极强，喜欢与熟悉产业资本和金融资产运作的高等级人才交往；是强大的资源整合专家，视外界的人和物为资源，使其在资源整合过程中增值；是强大的控制高手，能够控制生活的节奏。